艾米莉·勃朗特传

［英］A.玛丽·F.罗宾逊 著

高万隆 译

浙江工商大学出版社
ZHEJIANG GONGSHANG UNIVERSITY PRESS

图书在版编目(CIP)数据

艾米莉·勃朗特传/（英）A.玛丽·F.罗宾逊著；
高万隆译. — 杭州：浙江工商大学出版社，2017.1
（2017.10重印）

ISBN 978-7-5178-1975-2

Ⅰ.①艾… Ⅱ.①A… ②高… Ⅲ.①勃朗特
（Bronte，Emily 1818－1848）—传记 Ⅳ.①K835.615.6

中国版本图书馆 CIP 数据核字（2016）第 321504 号

艾米莉·勃朗特传

[英] A.玛丽·F.罗宾逊 著　高万隆 译

责任编辑	姚　媛
封面设计	林朦朦
责任印制	包建辉
出版发行	浙江工商大学出版社
	（杭州市教工路 198 号　邮政编码 310012）
	（E-mail:zjgsupress@163.com）
	（网址:http://www.zjgsupress.com）
	电话:0571－88904980,88831806（传真）
排　　版	杭州朝曦图文设计有限公司
印　　刷	杭州五象印务有限公司
开　　本	880mm×1230mm　1/32
印　　张	9.25
字　　数	207 千
版 印 次	2017 年 1 月第 1 版　2017 年 10 月第 2 次印刷
书　　号	ISBN 978-7-5178-1975-2
定　　价	35.00 元

引　言

　　评判一部艺术作品最可靠的办法，就是看它问世百年之后读者大众对它的看法。经过了这么长的时间，读者的趣味肯定会有所变化，华而不实的表象肯定会褪去，这部作品也会形成一种能够为读者所欣赏的品质。这样的高见让我们回想起伊丽莎白一世时期对艺术作品的赞美。我们也不由想起诗人雪莱在世时《解放了的普罗米修斯》售出的数量。我们也熟知"济慈有什么粥"的诗句，惴惴不安地想起诗中霍波斯和诺波斯吃的那只龟①，以及后来我们满心欢喜地看他们荣戴桂冠的情景。

　　那么，千万不要相信我们自己和读者大众对百年之内去世的所有名人的判断吧。当声称自己结论绝对正确时，请记住，我们的结论在时光回音廊的另一端听起来是多么奇怪。那么，我们只能对乔叟和莎士比亚、对约翰·高尔②和我们博学多识的本·琼生发表看法吗？唉！对他们孰优孰劣，我们过于自信了。我们毫不费力地确立了我们对他们的看法，并对此心安理得。对他们的看法，我们有所保留，因为就他们而言，未来并非高枕无忧；对他们来说，或许仍会有人说出无心之词；对他们来说，我们也许会感

---

　　① 　语出罗伯特·勃朗宁的诗《名气分析》。
　　② 　约翰·高尔(John Gower,1330—1408)，与乔叟同时代的英国诗人。

到,当命运的投注依然未知时,热情突然减退并非不可能;当我们上阵时,我们臆想这些名人的荣耀就在我们手中。

不管怎样,总算是一步一步地获胜了。随后艺术的发展需要某些品质,而针对这些品质的审美趣味在不知不觉间形成了。这些品质是栖身阁楼的布莱克①、两袖清风的米勒②在其不朽之作中确立的。最后,当时机成熟时,有鉴赏家看到了画作,吹去书上的灰尘,直接宣告了他的发现。史文朋先生③,可以说,吹去了《呼啸山庄》上面的灰尘。如今,在放有柯勒律治和韦伯斯特④、霍夫曼⑤和莱奥帕尔迪⑥作品的书架上,《呼啸山庄》也占有了一席之地。稍后,才从悉尼·多贝尔⑦、阿诺德先生⑧的好诗和里德⑨先生充满敬意的文字那里看到几句大胆的欢迎之词。这些权威人物都赞扬了这本书。西赖丁的一家工厂有年轻女工从收费图书馆借来破烂的《呼啸山庄》,一遍又一遍地读;也有一个充满渴望、

---

① 威廉·布莱克(William Blake,1757—1827),英国浪漫主义诗人、版画家。

② 弗朗索瓦·米勒(Francois Millet,1814—1875),19世纪法国现实主义画家。

③ 阿尔杰农·查尔斯·史文朋(Algernon Charles Swinburne,1837—1909),英国诗人、小说家和剧作家。

④ 约翰·韦伯斯特(John Webster,1612—1613),英国伊丽莎白一世时期的英国剧作家。

⑤ E. T. A. 霍夫曼(Ernst Theodor Amadeus Hoffmann,1776—1822),德国浪漫主义作家。

⑥ 贾科莫·莱奥帕尔迪(Giacomo Leopardi,1798—1837),意大利19世纪著名浪漫主义诗人。

⑦ 悉尼·多贝尔(Sydney Dobell,1824—1874),英国诗人和批评家。

⑧ 马修·阿诺德(Matthew Arnold,1822—1888),英国诗人和批评家。

⑨ 托马斯·威姆斯·里德(Thomas Wemyss Reid,1842—1905),英国报纸编辑、小说家和传记作家。他曾在1879年4月的《拿索文学杂志》上撰文《〈呼啸山庄〉人物研究》,称希斯克利夫为"文学中最杰出的恶棍形象"。

不知满足、满怀激情的孩子想读这本书,并喜欢上了它;尽管他受到责难,但从这本书中,他却发现了一种能让他获得满足的想象力,发现了一种能让空气清新的暴风雨。抑或有内心坚强的人看到,一个外国船员和一个在港口讨生活的母亲抛弃了他们的孩子,而这个孩子偶然被发现,结果导致收留者的继承人遭受了不可避免的毁灭。他从这种严苛的幻象中获得了一种正义感。然而,这样的读者寥寥无几,就连这本书也不受人欢迎。

平心而论,这些被彰显的艾米莉·勃朗特的品质并非一个小说家首要的品质。她缺乏生活阅历,笔下人物都是本地人,活动范围有限。她没有乔治·艾略特那种宽广的人文情怀,没有简·奥斯丁那种能让我们在一本书中爱上被我们忽略的东西的快乐天赋,在她身上,我们看不到人类的真实和激情,看不到那种接连不断的朗静而幽默的苦涩,而这些品质正是让夏洛蒂·勃朗特跻身于塞万提斯和维克多·雨果之间的原因所在。

艾米莉·勃朗特属于不同的类别。她的想象空间狭小,却更有强度。她看到的不多,但她看到的绝对是在她眼前所呈现的。还没有哪位作家像她那样热情而忠实地描写荒野、疾风、天空,然而这却是她笔下大自然的一切。有人将她天性中的狭隘和激越归因于她单纯而天真的烦恼。那些平凡的场景和人物在《维莱特》和《雪莉》中就已经被给予了持续的同情和幽默的描写。在她看来,保罗·伊曼纽尔①只不过像一个迂腐和严苛的监工;然而另一方面,在那些精神类别不同的人看来,还没有哪部小说中的描写能够比对希斯克利夫快乐死亡——一种非自然、虚幻的快

---

① 夏洛蒂·勃朗特的小说《维莱特》中的一个教师。

乐——的情景的描写更动人了。在此情景描写中,他那种野豹似的天性在一种虚幻极乐的精神错乱中变得瘫软无力了。

只有这样罕见的想象力才能构想出这样的结局。描写那种忘恩负义的邪恶生活,靠的绝不是寻常的恐怖,也绝不是疯子般的暴怒,靠的是对幸福的令人痛苦的焦虑。这种幸福总是处于接近实现的状态,根本抓不牢。也只有靠这样一种巧妙而罕见的描写,才能够绝对坚实地走在那条通向梦幻世界的狭窄单行道上。像艾米莉·勃朗特这样无所畏惧地走在那座危险之桥上的人可说以是寥寥无几。那是她自己的领域,在那里她赢得了我们最高的赞誉。然而,若把她放在这个尘世中,要她为我们解说一下周围人们的日常生活,她不可能给予回应。她有着敏捷而自信的精神,就像一只习惯于飞翔的鸟,在地上走起来不免显得笨拙和迟疑。

她对我们讲述了她之所见。她所看到的和她所能看到的都是特有的。触动她孤独生活的那片荒野的野性、偏僻农庄的那些秘密、那出激情和软弱的悲剧之能量都为她所预见和拥有,然而这并不包括她脚下那个村子的生活,不包括工厂喧闹、暴乱、贫富的突然改变,不包括国教和非国教之间不断的对抗。西赖丁人熟悉《简·爱》和《雪莉》中几乎每一个人物和每一处地方的原型,而在《呼啸山庄》中,没有一个人物爬过霍沃思周边的山丘。

让我们打个比方吧,有两个外国人曾穿过斯特拉福特郡,给我们留下了他们所见所闻的报告。第一个外国人是白天经过那里的,讲述了那里乡村可怕的黑暗面。不过,毫无疑问,他更多地讲述了男人借助火把在黑暗中所进行的可怕而耐心的抗争,讲述了那些默默无闻的生灵的坚忍不拔的勇气。他深知了他们之所以如此辛劳,就是为了怀抱小孩的女人。他注意到,烟雾之上的蓝天对于如此恶劣的环境来说是多么宝贵。但是,第二个外国人是在夜里穿越那里的,既看不到肮脏也看不到丑陋,既看不到天也看不到孩子。他所看到的只是一大片满是火焰的黑暗,到处是火炉中燃烧的暗红色火焰。呈现在眼前的是奇特的劳工,半身赤裸,几乎不像人类,在跃动闪烁的火光中周身变得通红。他无法明白他们劳作的意义,但是却看到了火焰与黑暗的那种可怕而难忘的奇幻景象,看到了覆盖一切的黑夜中炽烈活力的展示。

这个世界中的黑暗乡村对夏洛蒂·勃朗特和艾米莉·勃朗特来说是如此不同:在前者看来,乡村轮廓清晰且富于慈悲;而对艾米莉·勃朗特来说,就像是穿越阴影的旅行。她们都忠实地记录了自己的所见所闻,地方相同,呈现的景色则大不相同。在每一个旁观者看来,各种不同的性情给这个世界染上了非常不同的颜色。为了更好地理解艾米莉·勃朗特笔下所呈现的景色,我们也应该从旁观者的角度出发。获得如此短暂的一瞥,获得和给予艾米莉·勃朗特性格如此短暂的透视,是我为这本书所确定的目标。无法实现自己愿望也许是不可避免的,这个任务或许需要更长的时间来完成。如果说我的努力还是取得了成效,那么这大多要归功于许多对我慷慨相助的人。在这些人当中,我首先要感谢我在霍沃思的友善的主人英格汉姆博士,霍沃思教区的伍德夫人、威廉·伍德先生、布朗夫人和拉特克利夫夫人——他们都熟悉当时在该教区生活的勃朗特一家。我也要感谢威姆斯·里德先生、J. H. 英格拉姆先生和比德尔先生,他们帮我收集了许多有价值的信息。最重要的是,我要对艾伦·努茜小姐表示感激。若没有她的慷慨相助,我在写这本书时想必会感到茫然无知而偏离事实。在她看来，如果这本书很有价值，如果这本书所涉及的话题都还不错，如果没有那些由该故事的性质所带来的阴郁和烦恼的阴影，如果我只能讲艾米莉·勃朗特那种高贵的品格而不是她生活中的严峻考验，那么我则敢于尝试致力于这项研究。然而，对艾米莉的朋友，我只是通过艾伦·努茜小姐，提供我所了解到的关于艾米莉的信息。有关布兰威尔的耻辱和悲伤，她知之甚少，且不关注，对他们那些令人悲伤的必要记录也无兴趣。我只能将我这方面的努力所呈现的光芒和阳光献给她。也许我太了解那种阴影了，太了解布兰威尔·勃朗特各种各样的荒唐和失败。可是在艾米莉的生活中，很少碰到如此具有决定性的影响。这个犯有错误的挚爱兄长对她的天赋倾向影响如此之大，以致忽视了它们也就是忽视了把《诗集》中的幻想变成《呼啸山庄》中的悲剧的那种震撼，让完善艾米莉·勃朗特英雄性格的那种忍耐、勇气和慷慨成为说不清、道不明的东西，让她承受了执意要写主人公犯罪和暴力的诽谤。唉，并非如此！这些人物只不过是体现了让她家充满阴郁氛围的那种激情和悲伤。这绝不是一种驱使纯真少女不断渴望罪孽的超强力量和邪恶的霸主地位的堕落幻想。

她日日夜夜都在思考这个问题，并热情地关注问题的难点。于忧思之中，她写了《呼啸山庄》。从激发她写作结束的清晰思路来看，我们知道暴风雨结束了，我们知道的她下一部悲剧小说将不会有太多的暴力。不过，我们无缘看到她的下一部小说了，因为她溘然长逝了，而也因此大部分人永远记住了她。

她是在赞美之词到来之前去世的。离世之时，她的作品被人误解和忽视，可是她并不难过。荒野之家对来她说弥足珍贵，操持琐碎平凡的家务让她感到快乐,她深深地爱着她的姐妹,在她那种充满耐心和慷慨的生活中充满了大大小小的快乐和幸福。我就是要呈现她本来的样子!我要呈现的不是那种严苛和粗暴的女诗人,因为这种看法甚嚣尘上,弄得艾米莉·勃朗特面目全非。我要呈现的是这样一个艾米莉·勃朗特:一个勇于面对命运和怯懦的人,严于律己,宽以待人,平时沉静但间或会因开心而突然活跃起来。呈现真实的艾米莉·勃朗特,就是为她竖立最高贵、最坚固的纪念碑。

目 录

第一章　家世 / *001*

第二章　幼年 / *013*

第三章　柯文桥学校 / *025*

第四章　童年 / *037*

第五章　上学 / *051*

第六章　在霍沃思的少女时期 / *061*

第七章　在伊萨贝拉大街 / *079*

第八章　追溯 / *095*

第九章　回忆 / *107*

第十章　招生广告 / *117*

第十一章　布兰威尔的堕落 / *125*

第十二章　写诗 / *139*

第十三章　烦扰 / *161*

第十四章　《呼啸山庄》溯源 / *173*

第十五章　《呼啸山庄》的故事 / 189

第十六章　《雪莉》/ 235

第十七章　布兰威尔的结局 / 245

第十八章　艾米莉之死 / 253

结束语 / 265

参考和引用文献 / 269

附录 / 273

第一章　家世

Chapter Ⅰ　Parentage

艾米莉·勃朗特出生在一个父母并无特殊文学天赋的家庭。诚然母亲的书信写得精致而优美,诚然父亲出版过几本用于宣教的小册子,发表过一些宗教诗,不过,无论在写文还是写诗方面,她父母既无文学建树,也无诗歌禀赋。尽管勃朗特先生写作平平,并不出彩,但是在《教区杂志》上刊发的诗歌和文章等并不比勃朗特先生写得好多少。事实似乎是重要的,因为这个家庭中,不只是一个人,而是所有的兄弟姐妹,都或多或少具有文学创作的禀赋,但这种禀赋既非来自父亲,亦非来自母亲。

　　孩子的天赋可以从并无天赋的父母那里继承而来,正如两股气流汇合成一种独具特性的液体那样,这种液体的特性则并不同于先前那两股气流各自的特性。传记有这样一种功能,可以让我们通过将融合的品质、相异气质的摩擦、祖先特性的重现和我们称之为性格的精妙之物结合在一起的方式来感知,传记唯有如此才更有价值。在这方面,正如我说过的那样,由于这一家所展现的辉煌并非来自他们的父亲或母亲,因此这样的研究就变得格外有意思。然而,不幸的是,在这一章中,我们所要探究的是他们父亲的经历和他们母亲的健康。

　　可是,即便是从这寥寥数语的家世介绍中,我们也可看到,两个天赋因素自己呈现出来,即两个极其鲜明而具体可见的遗传因素。父亲的坚强意志遗传给了科勒、埃利斯和艾克顿①，母亲的疾病遗传给了三姐，在艾米莉和安妮正值青春年少时夺走了她们的生命，并使夏洛蒂从小到大瘦小而羸弱。在这两方面，这个家庭里的唯一男孩帕特里克·布兰威尔却很少受到影响，然而也是年纪轻轻便死了。他过度放荡的生活表明，他的天性中有那么一点疯狂的因子。

天赋和疯狂往往伴随肺结核左右，就像这种疾病的好天使和坏天使。有人把赋予人类的这种最伟大的天赋看成结核病遗传倾向的偶然结果，请不要将这种看法说成一种亵渎或荒谬。当然，也有许多其他决定因素，但是可以肯定，这种遗传的淋巴结核或肺结核也许并不是以这些疾病的形式或者不只是以这些疾病的形式表现出来，而是以一种心灵状态的变化形式表现出来。恶可以造就善，也可以造就更恶。

孩子们的父亲是一个神经质、易怒和粗暴的人，他将一种不易控制的神经质基因和一种不屈不挠的意志力遗传给孩子们。至少，在这几个女孩子身上显示了这两方面的特征。相比之下，帕特里克·布兰威尔则是一个弱者，更有才气，更加激越，但却不似父亲那样坚韧和正直。他似乎也完全不似母亲那样具有坚定的道德品性。母亲在不同程度上成为女儿们在性格和健康方面效仿的榜样。父亲赋予她们激情和意志，而她们的天赋并非直接来自双亲，而是来自她们的天性构造。

此外，无论从父系那里还是从母系那里，孩子们都承袭了凯尔特人的血脉。这一点非常重要，这预示了贯穿于他们全部作品

---

① 科勒、埃利斯和艾克顿分别为夏洛蒂、艾米莉和安妮的笔名。

的那种迷信、想象和恐怖的倾向。他们的母亲玛丽亚·布兰威尔出生于一个富裕的中产阶级家族，这个家族在康沃尔郡彭赞斯一带经商，久负盛名。他们的祖父是一个爱尔兰农民，但是祖先却来自英国南方。

帕特里克·勃朗特牧师的姓氏源于一个好听的希腊姓氏——勃朗特尔。勃朗特（Brontë）是古爱尔兰语对勃朗特尔的简称，这个姓氏自然让孩子们崇拜不已。勃朗特牧师的经历本身就是一个不同寻常、颇为有趣的故事。

帕特里克·勃朗特牧师是唐郡阿哈德格的一个自耕农的十个孩子当中的一个。他的这个家继承了上辈的力量、俊朗和区区几亩种土豆的地。因家境贫寒，十个孩子常常挨饿受冻。然而，这些不利的影响似乎只是激发了帕特里克·普伦蒂的力量，促使他决心战胜环境。他长大后，身高体壮，异常英俊；头型若雕塑，五官端正，双目湛蓝而隽永。他的言谈举止给人以生动印象，这实际上掩饰了其性情中的自我中心和严厉苛刻。而他这种自我中心和严厉苛刻的性情在后来的岁月中成为一种常态。他似乎是个慷慨大方、行为敏捷和易于冲动的小伙子。十六岁那年，帕特里克离开了父亲的庇护，立意为自己在社会上争得一席之地。他在毗邻的德鲁姆古兰村开办了一所他所称的爱尔兰公立学校，这是一所为村里儿童们办的露天学校。此后的五六年中，他坚持办这所学校，利用业余时间丰富知识，钻研数学，自学希腊文和拉丁文。

功夫不负有心人，他成功了。教区牧师泰伊先生对帕特里克·普伦蒂的决心和能力印象深刻，劝他去英国读大学。25岁时，这位年轻人在泰伊先生的帮助下进入剑桥大学圣约翰学院进行学习。

1802 年 7 月，他离开爱尔兰。此后，他再也没有回过爱尔兰。他无意回看自己早年奋斗过的地方，无意拜访自己的母亲、朋友和国家。在帕特里克·勃朗特——英俊的剑桥大学圣约翰学院的学生（他自豪于自己希腊人的轮廓和姓氏①）——以及阿哈德格的那九个赤裸双脚、饥肠辘辘的小普伦蒂之间伸延出一段难以用英里测量的距离。在他热情洋溢而激情四射的外表下隐藏着一颗闯荡世界的坚定决心。这个年轻人虽然内心冷酷，却是一个公正而克己的人。只要他母亲还健在，他就会每年从自己拮据的收入中给母亲二十英镑，这是他难以免除的责任。

帕特里克·勃朗特在剑桥学习了四年。离开剑桥时，他已经改掉了自己的爱尔兰口音，并拿到了学士学位。从圣约翰学院毕业后，他被任命为埃塞克斯地区的一个副牧师。

这个年轻人怀有这样一种精神信念：一个人只要辛勤努力，便能实现自己既定的生活目标。这种精神信念让他在成功的道路上一往无前。二十岁时，他是德鲁姆古兰的一所露天学校的校长；30 岁时，他便成了一位受人尊敬的英国国教牧师，地位稳定，在牧师圈里颇有人缘。他正在一步一步接近自己的人生目标。

他在埃塞克斯并没有待多久，就在约克郡哈德斯菲尔德和哈利法克斯之间的一个名叫哈斯海德的小村得到了一个更好的副牧师职位。在哈斯海德期间，这位英俊而性急的爱尔兰副牧师邂逅了玛丽亚·布兰威尔，初次见面是在利兹附近玛丽亚叔父的一个牧师住所。这并非帕特里克·勃朗特的初恋。邻居们常常笑他那种容易让人心生爱慕的吸引力，并将此归因于他那种热情洋

---

① 入学后改的。

溢的性格。他们的看法是有道理的。在他奇异的天性中，激烈和冷峻同样都是真实的，两者都是满足某种个人抱负、愿望和惰性的一种手段。这种类型的人在爱尔兰人中并不少见：自尊、正直、尊贵，但却欣赏精明；具有节制的习惯，但又有强烈的自我放纵之心；对陌生人谦恭有礼，热情相待，但对家人却冷若冰霜；天性暴烈，并常以此作为维护权威的手段；自我中心，但又忠于职守；充满激情，但又缺乏浓浓的爱意。

　　准确地说，布兰威尔小姐是一个小女人。像帕特里克·勃朗特这样一个自立自强的男人自然会爱上她。她小巧玲珑、安静温柔；说不上漂亮，但看上去优雅高贵。她的确是一位受过良好教育、具有良好社会关系的年轻小姐。在一位为普伦蒂的姓氏和土豆种植者背景而感到自卑的爱慕者的眼中，她想必就像一只彩凤凰。1812 年初夏，当他们初次相见时，她二十一岁，他三十五岁。同年秋天，他们订了婚。布兰威尔小姐的书信显露出一种默默而执着的忠诚、一种判断能力和一种原谅自己恋人的偶尔怠慢的意愿。而这种怠慢想必是帕特里克·勃朗特为了满足自己那种专制、挑剔的脾性而显现出来。然而，在这样一种忠诚和安静的表面下，却隐含着一种独立的精神。下面的一段引文揭示了其独立自主的能力和不想完全依靠帕特里克的愿望。这让人好奇地联想起她女儿夏洛蒂作品中的一些片段。

　　　　过去的几年里，我一直是自己的主人，从不受到控制。迄今为止，比我大许多的姐姐们，甚至我亲爱的母亲，在所有的重要问题上都要同我商量，几乎毫不怀疑我言谈举止的正当性。你也许会为我提及此事而说我

虚荣,但你要相信,我并未言过其实。我有许多回感到
这是一个缺点,但是,感谢上帝,这一缺点并未将我引向
错误。不过当我遇到不确定和怀疑时,我深深感到自己
需要一位引导人或指导者。

　　数年后,当玛丽亚·布兰威尔的书信交到她的女儿夏洛蒂及
其最亲密忠诚的朋友的手中时,这两个年轻的女性热切地追忆了
这个温柔而又独立的小女人,并由此对她产生了一阵又一阵的同
情。这个小女人在结婚前就意识到了,她的引导人或指导者并不
是她最初认为的那种永远正确的指导者。在这件事上夏洛蒂朋
友的话比其他还在世的人更具权威性,也更有分量。在这里,我
要引用夏洛蒂朋友的话。这段话取自夏洛蒂交由我处理的一份
手稿:

　　　　布兰威尔小姐的书信表明,她的订婚期虽然并不
长,但是这一订婚并不像原先所想的那样幸福。在她的
某些通信中暗含了一种忧惧的痛苦(尽管是温和地表达
出来的),唯恐勃朗特先生对她的感情变得冷淡。读者
也怀着某种义愤感觉到,她的这种忧惧并非无中生有。
勃朗特先生虽然具有坚强的力量和意志力,但是他也有
弱点,即个人的虚荣。这个弱点无处不在,贬损了这个
人物。布兰威尔小姐美好的天性超越了这样的弱点,但
是正是他身上这个显而易见的弱点让她承受了更多的
痛苦,因为对这个男人,她付出了情感,她原指望能将一
切都托付于他的。

1812 年 12 月 29 日,在利兹附近她叔父的牧师住所,这个不抱幻想的可爱小淑女嫁给了帕特里克·勃朗特。这对年轻的夫妇在勃朗特先生担任副牧师的哈斯海德建立了自己的家。三年后,他们带着两个幼女玛丽亚和伊丽莎白搬到了位于桑顿的一个更好的住所。周围的乡村荒凉而凄厉,大风呼啸。勃朗特先生常常独自坐在自己的书房,而年轻的勃朗特太太则会思念她在充满阳光的彭赞斯的那个快乐的家(那个家非常精致,充满迷信氛围)。不过,她是一个富于耐心、从不抱怨的女人。她没有时间去胡思乱想,整个心思全放在了接踵而来的小生命身上。这些小生命让这个位于约克郡的家更加温暖。1816 年,夏洛蒂出生;次年,帕特里克·布兰威尔出生;1818 年,艾米莉·简出生;1819 年,安妮出生。此后,这个患有肺病的娇小的母亲身体便垮了。结婚七年多后,也就是 1820 年 2 月 25 日,勃朗特夫妇带着六个孩子又搬到了位于霍沃思教区的牧师住宅的新家。

霍沃思村庄位于一个陡峭、低矮的山丘上最高的一边,陡斜而呈灰色。这样低矮的山丘,比高耸的山丘更加陡峭,聚集成圆形,一圈又一圈,一直延伸到天际最远处。没有树林,没有河流。目之所及的是这些没有树木遮蔽的山丘。这些山丘的各边被一道道灰色石头墙切割成一块块田地,灰色石头砌成的村落和磨坊散落在各处。除了北方乡间独有的草地的绿色和石头的黑灰色外,看不到其他色彩。只有那条潺潺流淌的磨坊小河给这呆滞的景象带来一股生气。然而,真正的生气,这片乡村唯一的美,却是体现在小山丘之一,那里荒野连着荒野,从约克郡到兰开夏郡,那野生之地宛若盘旋而进的长链。冬天,雪盖荒野,白茫茫一片;仲夏,则是四处呈黑色;春季,发芽的越橘灌木的嫩绿让那幽暗的石南茎看上去斑驳陆离;初秋,那荒野呈现为一片鸟虫鸣唱、芳香四溢的紫色:任何色彩的美都让景色更加明亮。然而,这片荒野对坚强而孤独的灵魂来说总是具有魅力。在荒野与天空之间没有什么敢于置身其间。那游走的云影每天上百次改变着地貌。上百个泉溪在这片土地上涌出,在它们的周围滋润出一块又一块生动的绿色。上百只各种各样的鸟在那里飞跃和欢唱。云雀唱歌,布谷鸟鸣叫;一窝一窝鸟雀在灌木丛中叽叽喳喳叫个不停;麦鸡呻吟;野鸭飞驰而过;在有暴风雨的日子,白色的海鸥看上去最忧郁,它们哭叫着,强力的疾风横扫无树无房的荒野,将海鸥吹得远离陆地。在春季,你可以将弱小的、步履蹒跚的雏鸟捧在手中。兔子和野生动物在土洞里繁殖。在秋季,一群群蜜蜂在石南丛中狂欢,其嗡嗡的鸣叫声响彻村庄。在那些热爱荒野的人看来,风、云、自然和生命就是他们的朋友。

然而,年轻的勃朗特太太却去不了荒野。当她入住位于多风的山丘上面那幢灰石盖的长方形牧师住宅时,已变得非常虚弱。村子就陡斜地位于她的脚下,但是她无法走下那条高低不平的陡斜街道,而且荒野也无路可走。她病得很厉害,身体极其虚弱。她的丈夫几乎从早到晚都待在书房,写诗,写宣传宗教的小册子,写布道词。除了孩子们,没有人陪伴她。几个月后,她发现自己得了癌症。她不忍心常常看到她不久将永别的孩子们。

谁敢说她的婚姻是幸福的?盖斯凯尔夫人曾写到勃朗特先生的生活和观察,谈到了他对自己的妻子不知疲倦的照料,忘我的夜间看护。但是,在此绝症被宣布之前,有许多迹象表明,在她丈夫从事耗时而无益的研究期间,这位年轻的妻子倍感孤独,默默忍受着她丈夫暴躁脾气带给她的痛苦。她并未提及过，但是我们可以设想，当勃朗特太太目睹高傲的丈夫只是由于不喜欢她接受别人的礼物而将她喜爱的丝绸衣服剪成碎布条时，当她看到孩子们色彩鲜艳的鞋被扔到炉火里而自己没有钱为他们添置新鞋时，当她提到他因孩子们常常出现在他面前而加以无端指责时，当她听到他开枪射击外面的房门，以此来代替言语发泄情绪时，她内心会快乐吗？她是耐心、勇敢、孤独和沉静的。威姆斯·里德拥有研究勃朗特一家文件的无可比拟的条件。他曾直言不讳地讲到了勃朗特先生对妻子"持续不断的冷淡和忽视"和"严厉而专横的"的态度，以及布兰威尔"对她傲慢的主人怀有一种习惯性的恐惧感"。我已援引过的那份手稿就提到了"那种顽强的意志有时发展成为专横和残酷"。这正是这个男人性格的体现，所有这一切应该都是真实的。婚姻稳定后，这个他曾热烈追求过的女人再也没有体验过他那种冲动式的体贴和温柔。他养活了她，尽了他的责任。而她对他的义务则是随叫随到。然而，当死亡迫近她时，他的正直心和荣誉感都要求他小心翼翼地对待他曾发誓珍爱的这个女人，他的自我中心主义也迫使他设法保护这个有六个不满七岁孩子的母亲。村里的人说："他们的关系很亲密。至少在病危时，丈夫和妻子常常在一起。他们彼此相爱，似乎忘记了孩子们的存在。爱情死灰复燃了，但很快就要熄灭。我们清楚地听说了，天性冷漠的勃朗特先生和害怕激动的勃朗特太太很少看到他们的孩子们在'儿童书房'里一起认真地谈论政治，或者手拉着手跌跌撞撞地走在附近的荒野之中。"

其间，这位年轻的母亲日渐衰弱，饱受痛苦煎熬，常常无法动弹。但是，她从未抱怨过。或许，她就不会抱怨。或许，放弃自己厌倦的生活，放弃自己很少看到的孩子，放弃自己不断的痛苦，放弃自己的丈夫,这些并不让她悲伤。她的丈夫"缺乏足够的心智去看清别人生活中的悲惨境遇,因为他对自己的生活总是感到心满意足"。连续数月,她静静地躺在床上,有时会让人扶起来,也许想要看保姆清洁壁炉,因为保姆做的事正如她们在康沃尔所做的一样。之后的几个月,她病得越来越厉害。1821 年 9 月,她病逝了。

第二章　幼年

Chapter Ⅱ Babyhood

妻子死后,勃朗特牧师的生活更加封闭,失去了常人的兴趣。他不仅疏远了教区居民,也疏远了自己的孩子。当孩子说了什么聪明的话时,他会为他们感到骄傲,因为尽管他们还幼小,但在这样的时刻,他感到他们是值得拥有他这个父亲的。不过,他们孤独的幼年和无助的天真无知并未触动他的心。早在妻子死前的几个月,他就因消化不良开始独自一人用餐了。他继续保持这种独自用餐的习惯,很少见孩子。只有在吃早餐和喝茶时,才会出现在孩子们面前,这时,他会与孩子们聊保守党政治来为他们解闷,给幼女艾米莉讲述爱尔兰的恐怖故事。也许正是由于这种冷漠高傲,他才对孩子一直有着巨大影响。他不喜欢建立更亲密的关系。

　　他偶尔探望村子里的病人,在荒野上长时间独自散步,构思他的诗歌《林中小屋》和让霍沃思人难忘的夸张的布道词,以此填补他那空虚的日子。偶尔会有邻村的牧师过来看他。不过,因为勃朗特太太来霍沃思不久就死了,所以这些牧师的妻子从未来访过。勃朗特家的孩子在附近的教区没有玩伴,他们也不被准许同村子里的孩子交往。

　　勃朗特先生非常适合这种沉闷的日常生活。他打拼多年,现在想静养了。我们再也感觉不到他年轻时的那种急躁脾性。他变了,长成了。就像那些长成了的海洋生物,年轻时,有鳍,有眼睛,有敏感的触角,可一旦发现了自己的栖息地,它们便黏附在那里一动不动,接连,失去了视力,失去了动力,甚至失去了感觉;总之,失去了一切,只剩下了黏附能力。

在此期间,孩子们只能独处。他们只有在相互照料中寻求同情和娱乐。大女儿玛丽亚照看所有小的。她是一个守旧的、具有母性的小女孩,看起来弱小,但温柔体贴。她悉心照料自己的五个小弟妹。这个只有七岁大的母亲般的女孩,从未表现出这个年纪的监护人通常所有的那种专横权威。的确,她尽管最年长,却是家中最邋遢的那个。她那幼稚的失职行为和女性的关怀让她成为一个让人依恋的小家伙。她用温柔的爱呵护着她的小家庭,同她父亲讨论有关议会争议的问题。夏洛蒂满怀依恋之情回忆了玛丽亚生命的结束,并通过海伦·彭斯这个悲惨人物的描绘给我们留下了的肖像。

这个脆弱的、患有肺疾的七岁女孩是这个"托儿所"的头。而后,便是伊丽莎白了。在妹妹的记忆中,伊丽莎白明显个性不够鲜明。在她小小的身躯里也埋藏着肺痨的致命种子。接下来是容易激动的夏洛蒂,她长得矮小而苍白。再就是长着红发、乐于交谈的帕特里克·布兰威尔。最后是艾米莉和安妮,她们还只是幼童,就步履蹒跚,沿着一条铺好的小路,艰难地走向了荒野。

这样的家庭需要悉心的照料。这个要求,对于一个年收入只有200英镑的家庭来说,也许是不可能的,更何况还有一个身患绝症的母亲正躺在楼上需要有人持续不断的看护。勃朗特家的孩子们的身体状况并不好。真的很无奈,让这些柔弱的孩子住在冷风掠过的山丘上,在那里,即使是今日,肺痨也是一种灾难;真的很无奈,村庄墓地将他们的家夹在中间;真的很无奈,他们很小就失去了母亲。然而,这些柔弱的孩子,虽然缺少关爱,但是却为后人所尊重。

这些小孩子熟知家中的痼疾,没有更多的奢望。他们习惯于不多想,只是静静地自得其乐,凡事避让。自幼知道的事印在了五个姐妹的脑海里。打小她们就过着幽闭的生活,很乖巧。只有帕特里克·布兰威尔有时会通过自然的顽皮淘气显示出自己男性的独立。从天性来说,他们是一群最安静的孩子。霍沃思牧师住宅里的房间不多,也不大。前面是两个不大不小的会客厅,直面花园,右边是勃朗特先生的书房,对面的大房间是起居室。在这些房间的后面是空的储藏室和厨房。住宅一楼有一间用人住的房间,位于后部,可以让两个用人睡觉。每一个会客厅后面都有一间卧室。在这些房间和入口通道之间有一个小房间,比一个衣橱大不了多少,比房门宽不了多少;两面的窗户框相对着。勃朗特太太病重的最后一个月,她自己住在一个卧室里,而那五个小姑娘都被安排睡在这间狭窄、漏风的小房间里,这个小房间以前是孩子们的书房。在她们的小床之间几乎没有让人走动的空间。她们想必很安静,因为任何孩子的戏耍都会打扰躺在隔壁奄奄一息的母亲。在住宅各处,她们必须安静,因为底层石板地的房间容易引起噪音的回响。很可能,她们对这种安静并不感到不快。她们享受着绝对的自由和宝贵的童年。当他们厌倦了读报纸(他们似乎没有儿童书籍可读),或者厌倦了讨论波拿巴和惠灵顿公爵①的竞争优势时,他们会无拘无束地沿着人行道走过后面

---

① 惠灵顿公爵(Arthur Wellesley, Duke of Wellington, 1769—1852),英国著名军事家、统帅、政治家。19世纪欧洲历史上最主要的政治家之一。

的三块牧场，来到最后那道石墙，穿过最后那个墙洞，来到宽阔而孤独的荒野。在那片荒野，他们能够感受到各种各样的天气；在那里他们就像天空的飞鸟一样无拘无束，度过了最幸福的时光。

这些孩子早熟，却染上了肺疾，母亲身患癌症，奄奄一息。为了管教他们，勃朗特先生似乎立下了一个规矩，而这个规矩一直保持着，并为今天的读者所知。这个规矩就是，不准孩子吃肉。帕特里克·勃朗特牧师是靠吃土豆长成健壮体格的。他没理由让自己的孩子与自己吃得不一样。

孩子们从未抱怨过。因此，勃朗特太太的病中护士对盖斯凯尔夫人说：

> 你很难想象在这个家里有这样的孩子，他们如此安静，如此听话。玛丽亚会把自己关在书房里看报纸，当她走出书房时，却能够讲述她从报纸上看到的一切，如议会的争论，还有其他我不知道的一切。她对妹妹们好得就跟母亲对待自己的孩子那样。然而，怎么会有这样好的孩子！我过去以为他们是沉闷无趣的，他们同我见过的孩子全然不同。在某种程度上，我将此归因于勃朗特先生的那个怪念头——不让他们吃肉。并不是为了节省，因为在这个家里，年轻的用人浪费了许多东西，没有家庭主妇管他们。只是勃朗特先生觉得，孩子们应该在简朴和艰难的生活环境中长大。因此，孩子们的主食中只有土豆，不过他们似乎从未奢望过别的。他们都是听话的小家伙。艾米莉最可爱。

这个可爱的艾米莉，只有两岁，便失去了与母亲相伴的快乐。她的记忆里一直缺少早年被关爱的柔情，也缺少敬爱。当她回想自己的幼年生活时，印象最深的就是必须不断控制自己欢乐和悲伤的情绪，不要让人听见自己的笑声和哭声。她会回想起孩子们之间相互平等的爱，回想起她在这个世界中所知道的五个孩子的爱，回想起自由宽广的荒野。在那片荒野中，兔子游戏玩耍，野鸟鸣唱飞翔，她可以随心所欲到处走。

勃朗特太太的死对孩子们没有太大影响，只是玛丽亚除外。在桑顿的时候，玛丽亚一直陪伴在母亲身边。母亲身体孱弱，又有这么多孩子，因此心事重重。在这样的母亲看来，这个只有六岁的女孩真的是一个好帮手。艾米莉和安妮几乎完全不记得母亲了。夏洛蒂也只能记得一个黄昏母亲同帕特里克·布兰威尔玩耍的情景。母亲的死对更小的孩子而言只是意味着一个空房间和年长看护的停止，不会有更多影响了。

大约有一年的光景，他们完全是自主行事，由好心而忙碌的用人漫不经心地照管他们。他们编写有关伟人的剧本，阅读报纸，崇拜惠灵顿公爵，随心所欲地在荒野漫步，绝不关心自家墙外的任何人。一天早晨，勃朗特先生对这些自由、勇敢和独立的小家伙们宣布，他们的姨妈，也就是他们母亲的大姐，将从康沃尔来这里监管他们的教育。

布兰威尔小姐是一个老式的矮小女人。她戴的帽子很大，抵得上半打当时流行款式的帽子。大帽子遮盖了她额头上浅褐色的卷发。她总是穿绸衣。她的神情就像那遥远北方的气候和住宅里的石头地板，让人不寒而栗。……她谈得最多的是她年轻时的日子——她可爱的家乡彭赞斯的欢乐，以及那里温煦和暖的气候。她给人这样的印象，在她自己的家乡的熟人中，她就是一个美人。她从一个非常好看的金色鼻烟盒里拿出鼻烟，有时会微笑着把它拿到你面前，仿佛她乐于看到你脸上所呈现的轻微的惊讶……她伶牙俐齿，毫不畏惧同勃朗特先生进行争论。

艾伦·努茜小姐在初次到约克郡约十年后，曾回忆起这位上了年纪的、拘谨呆板的布兰威尔小姐。她总是说，布兰威尔变化不大。努茜小姐出色而准确地描绘了这位四十岁的老处女，她出于一种迫切而高尚的责任感，离开位于南方的可爱之家，来照料这几个在霍沃思牧师住宅里跑来跑去的小家伙。不难想象，当姨妈和外甥在看到彼此的癖性时会怎样地惊讶。

可以预见，让这样一个有亲戚关系的女人来控制他们，毫无疑问是有利的。此后，这些孩子再也不能随心所欲地安排自己的时间了。她们要给父亲说课，同姨妈一起做针线活，还要向姨妈学做家庭主妇。要是她们的姨妈是一个生性和蔼并具有慈母心肠的女人，她的看护也许是一件好事，然而从一种无拘无束的状态到受到姨妈的那种旧式老处女的管束的转变，让这些孩子难以忍受。这样的管束只有那么一点好处，就是强化习惯，但却令人不快，限制了孩子的活动范围，其结果是他们变得更加沉默寡言。姨妈喜爱的是淘气、机灵、出色、反叛和多情的帕特里克·布兰威尔。除了帕特里克，姨妈更喜欢漂亮而温顺的小安妮，因为她总是表现出一种甜蜜可爱、百依百顺的样子，她有大大的蓝眼睛和白里透红的面容。而任性、固执、直率的夏洛蒂和坚毅、顽强的艾米莉，并不是姨妈喜欢的那种孩子。她们同姨妈有过太多激烈的意志较量，她们讨厌聆听姨妈那种极其无聊的怀旧，这表明她们同姨妈之间存在着天性的差异。玛丽亚过去是这个"幼儿园"的头，也不太乐意唯命是从，不过她天性温和而节制。伊丽莎白则没有太多的记忆。

孩子们慢慢长大，脱离了幼年。勃朗特先生似乎已开始为他们自豪了。也许他们每天的功课在向他表明，在这些苍白和严肃的小脸下面蕴藏着个性和天赋。在写给盖斯凯尔夫人的一封信里，他举例说明了这些孩子的早期天赋。更爱家的父亲们会笑看他为了发现自己孩子们的真性情所采用的那种简单而夸张的手段。"这是一个颇具特色的妙计，无愧于勃朗特这一古老姓氏的发明者。只是相信自己的精明，给他讲述故事增添了生动活泼的情趣"：

> 我最好说一下当时我脑海里出现的一个情景。在我的孩子们很小的时候，就我记忆所及，最大的孩子也就是十岁左右，最小的孩子不过四岁，我就认为，他们知道的比我发现的要多。为了让孩子们大胆说话，我想，要是让他们戴上面具，我的想法也许会成功。碰巧家里有一个面具，我叫他们站在那里，在面具的遮掩下大胆地讲话。
>
> 我先让最小的（安妮，也就是后来的艾克顿·贝尔）开始，问她，像她这样的孩子最想要的是什么。她回答："年纪和经历。"我问下一个（艾米莉，也就是后来的埃利

斯·贝尔），对她那个有时淘气的哥哥，我怎么做最好。她回答："给他讲道理。要是他不听的话，就用鞭子抽他。"我问布兰威尔，了解男女智力之间差异的最好的办法是什么。他回答："要了解他们之间的差异，那就了解他们的身体。"然后，我又问夏洛蒂，世界上最好的书是什么。她回答："圣经。"除此之外呢？她回答："关于大自然的书。"接着我又问下一个（伊丽莎白，她似乎将布兰威尔小姐的教诲牢记在心），对于女人而言，最好的教育模式是什么。她回答："那就让她管理好自己的家。"最后，我问最大的孩子，管理时间的最佳模式是什么。她回答："安排好时间，为幸福的来世做准备。"我也许没有准确地重复他们说过的话，不过我说的也差不多，因为那些话在我记忆里留下了深刻而持久的印象。不管怎样，事实上，我复述得很准确。

艾米莉的回答非常实际，这缓解了布兰威尔、玛丽亚和安妮的那种成人般的哲学。一个四岁的孩子喜欢年纪和经历胜过小果馅饼和糖果，她想必是非自然的产物。勃朗特家的孩子们似乎就没有过童年。没完没了地讨论议会的论争，长时间地独自散步，无拘无束地熟读卫理公会的杂志，这些就是他们幼年时期的精神食粮。几年之后，当他们邀请几个学童喝茶时，这些牧师的小女儿们要她们的小学伴教她们如何玩耍。这是她们第一次想要学习玩耍。

在幼儿时代，她们所学到的就是父亲这种奇特试验的价值。她们学会了隔着面具大胆讲话。她们受到限制，被迫保持安静，外表的矜持遮掩了她们富于激情的内心。五姐妹从未用表情、话语和动作来表达自己内心深处的所思所想。在闲暇的时候,她们不能玩,只得构思历史故事、戏剧和童话;每一个人都很放松,悄然无声,也不担心检查,可她们也从未像其他孩子那样将自己的幻想付诸行动。夏洛蒂写英雄事迹和冒险故事。艾米莉更喜欢写神话传说。她那种狂野、反常和奇异的想象,毫无疑问,受到父亲讲述的那些奇异的爱尔兰故事的影响。在她幼年时期,这种影响就塑造了她天赋的特质。

同时,生活在一天天地继续。早起,打扫,做布丁,向父亲汇报功课;每天都要在布兰威尔小姐的卧室里做针线活,因为这位姨妈越来越讨厌客厅里的石头地面;每天有一小时左右的时间去荒野漫步。在静谧的夏日,这些女孩子会在花园中低矮的荆棘和红醋栗树下做针线活,从那里可以隐隐约约地听见布兰威尔小姐转动缝纫机的特有的啪嗒声。

总而言之,这六个孩子的快乐时光就是相互之间低声讲述奇妙的故事,从中寻求喜悦。之后的春天,疾病光顾了这个家。孩子们同时患了麻疹和咳嗽。他们的快乐时光一去不复返了。家人觉得,两个大的孩子病好后最好离开这里,换一所好学校,呼吸不同的空气。勃朗特先生打听到了在柯文桥有一所专为牧师家的女儿们办的学校。柯文桥是位于利兹和肯德尔之间那条大路上的一个村庄。经过几番争取和交涉,该学校同意接收了这几个孩子。她们虽然远离了传染,但是身体仍然虚弱,需要照顾。1824 年 7 月,勃朗特先生将玛丽亚和伊丽莎白带到了那里。同年9 月,艾米莉和夏洛蒂也去了那里。

第三章 柯文桥学校

Chapter Ⅲ Cowan's Bridge

柯文桥女子寄宿学校专收神职人员的女儿,最初设计于 1823 年,当时还只是一种愿景和设想。建这样的学校也许在遥远的某一天是可行的。不管怎样,当创办人对南方的两个朋友提起这桩事时,得到了他们的热情支持和一笔 70 英镑的汇款,这项工程似乎由此开始了。

手头有了这笔钱,依靠他用心的运作,再加上他自己的白银和黄金,买下了位于柯文桥的那块房产,并对它进行了必要的修缮。学校被装修一新,于 1824 年春正式开办。房产和设施共计花费是 2333.75 英镑。

英国国教长期以来对大多数神职人员缺乏必要的帮助,这是教会的憾事。教会已经采取了极其有效的措施来弥补这一缺憾。这所牧师女儿学校的唯一目的是在最贫穷的牧师居住的区域办好女子教育。它为这些穷牧师提供了适时的帮助,让他们能够负担起孩子们的教育费用,这一措施很快就受到了欢迎。开办这样的学校所付出的焦虑和辛劳得到了丰厚的回报,这种回报就是学生家长们的感激。

建校进展情况令人满意。牧师女儿学校仿效了伦敦的某些类似机构。牧师儿子社团的学生实际上就是学徒。牧师孤儿学校亦如此,其教育尚有某种限制,学生过了十六岁便必须离开学校。

牧师女儿学校位于坦斯托尔教区，就在从利兹到肯德尔的收费公路上，每天有一辆马车穿梭于利兹和肯德尔之间。该学校距离科比·朗斯代尔镇约两英里。

每个学生每年付14英镑（先付一半），用于购买校服、膳宿和支付学费。入学时，交1英镑课本费，再交3英镑，用于购买户外大衣、女装和帽子——这里的学生穿戴相似。因此，每个学生需要交的第一笔费用是11英镑，随后的半年要交的费用为7英镑。如果学法语、音乐或绘画课，那么每年还要额外付费。

学校根据学生的能力及其朋友的愿望施教。不管怎样，施教的目标就是提高她们的智力水平，增强她们的宗教意识，提供适合她们的简单而实用的教育，以便让她们能完成学业体面地回到自己的家，或者根据上帝的旨意各司其职。

这是学校财务总管的叙述和说明：

人们都非常希望学生在假期穿校服。

条件那么低，人们沮丧地发现，在许多情况下，作为女儿代表的牧师们，由于找不到合适的手段来提高所需要的费用，因此一直没能利用学校的效益。

直到有方法把条件降得更低，设计者才得以完全实现他们的设想；若再解决不了，那就交由委员会来处理了。他相信，无论怎样，学校会建在那些牧师活动的区域内，而这正是那些最贫穷的牧师们所特别期盼的。

学校向全国开放。在学生的推荐下，该校获得了捐赠者的最初关注。有关入学申请的唯一询问是对申请者状况的要求。

眼下学校有 90 个学生（可以为这些学生提供住宿），还有几个正在等待入学。

学校由总监哈本夫人、8 个教师和 2 个助教照管。

成功的荣耀归于上帝。成功眷顾了这项事业，超出了最乐观的期待。不过，对许多赞助者也许用不着表达感激之意，因为他们都是诚心而慷慨地提供帮助的。他们从不断的祈祷祝福中获得了酬谢。人们用祈祷和祝福表达对所有支持这所学校的人的感恩之心。

像这样或精彩或平庸的记述还有很多，上文正是博爱派的吉姆纳斯·莫龙瓦学校和福音派的杜德波伊斯学堂的第四年的报告。这份报告对《简·爱》的读者来说并不陌生。

当这些贺词付印之时，那些由饥饿、残酷和发烧引起的恐怖场景均已呈现，导致了许多孩子和那些活在痛苦回忆中的人的死亡。勃朗特家的两个女孩子虽然在这所学校幸存下来，但却不再信任人性，也再难相信真挚的情感，这有悖于她们那种热情而激越的精神。离开时，她们带走了更虚弱，更易患病的身体，也带走了对两个死去的姐姐的记忆。"荣耀归于天父，"该报告写道，"当然了，让我们祈祷吧，向威廉·卡鲁斯·威尔逊牧师祈祷吧。"

上面的报告是在勃朗特家的孩子们被送往柯文桥六年后发布的。这几个脸色苍白的小女孩中的一个究竟用什么话对她的施主表达感谢并讲述自己受到的恩惠？我们不得而知。她最终还是发声了，结果让后代读者把这所教育机构所谓的正当性视作肮脏的遮丑布，也让成千上万颗仁爱之心对那种博爱的虚荣充满了愤慨，他们为拯救自己的灵魂，却不惜让小孩子们柔弱的身体遭受痛苦的折磨。这个食人魔鬼般的施主,这个布罗克赫斯特,有着怪异反常的行为,想必是一个热心于自我牺牲的狂热者,但他那种对权力的热爱和过分的自负却让其善心变了味。

就在学校开办的头一年,勃朗特家的女孩子们离开她们位于荒野上的家,来到了柯文桥学校。这座学堂的秩序并不完善,许多事难免要出差错;同样,孩子们也难免找不到借口。这些小囚犯被圈在一个远离朋友和自由的救济院里,战战兢兢,忍饥挨饿。

这个学堂狭长而低矮,两边呈弧形,与其说是一所学校,倒不如说更像一栋普通的农舍。从后窗可以看到一个约 70 英尺见方的地势平坦的花园。这栋房子的一部分是一间小屋,更大的部分原是一个废弃了的磨坊。这个磨坊原来由一条从那潮湿的小花园一边流过的溪流驱动。一楼变成了教室,楼上是宿舍。餐厅和教师室位于尽头的那间小屋。所有的房间里,地板是用石头铺成的,天花板很低,窗户很小。这些房间并不是为成长中的孩子所建,也不是为她们在一起上大班课所建。没有哪个董事会允许伦敦街道上最贫穷的孩子在这样通风不良的教室里学习。

这个磨坊并非为居住所建,因此毫无疑问排水能力不足。这栋房子因当初选址靠近溪流,所以潮湿阴冷。它坐落在阴冷荒凉的光秃秃的平原上。夏日,风景如画,绿色的赤杨下是汩汩流淌的小溪;冬日,异常寒冷。在这栋沉闷枯燥的机器房里,这个过去水轮转动的地方,现在住着九十个忍饥挨饿的小家伙。她们穿着款式相同,由人施舍的粗制而不合身的衣服,在学校的教导下,她们表情相似,讲话与思考的方式几乎如出一辙。根据她们是否像原先这些房间里的机器而或受到表扬或受到指责。这些机器有规律、没思想的运动就是她们的生活模式。

这些孩子将她们的出色教育、可怜食宿主要归因于附近惠灵顿村的一位有钱牧师的努力。卡鲁斯·威尔逊牧师是附近一带的重要人物,是一位人们期望在紧急情况下现身的人物。他对自己在帮助他人方面的审慎、远见和效率感到自豪。尽管如此,他依然是一个真诚渴望做善事的人;他精力充沛,富有情感,是一个能够看到邪恶并发现补救办法的人。他乐于助人,可他希望自己助人之事能够为人所知。他同情自己同事的悲惨状况,因此要建一所学校,让那些穷牧师的女儿以正常的费用接受公平的教育,否则他心里不安。当筹建所需资金即将到位时,该房产归属于十二个董事。威尔逊先生便是董事之一,也是董事会的财务主管和秘书。他几乎独自承担了所有的工作,大权在握,监管一切,对任何事说一不二。他不惧工作,他热爱权力。他监管,审查,指导,安排和决策。他确信自己有能力把所有事情都办得很出色。在任命下属时,他似乎并未处心积虑。幸运的是,他有一位文雅、聪慧和高贵的女人做总监。

然而,其他教师则能力不足,有的脾气暴躁,有的缺乏威望。既然将管理和准备孩子食物的重任交给女总监,威尔逊先生本应该对总监人选加以认真挑选的。然而,这位女总监却是一个懒散马虎、挥霍浪费的女人。她不断从威尔逊的厨房中拿东西,然而却深得威尔逊先生的信任。不管怎样,这位女总监的情况让我们联想到了洛伍德学校的悲惨状况。

资助金数额不大而且仍未完全到位。为了声誉,威尔逊先生被迫采取了某种节约措施。他缩减了肉、面和牛奶的供应,并常常亲自检查。然而,他并未检查厨房。洛伍德学校的教师不止一次说到,牛奶在肮脏的锅里变质,烧煳的粥上面漂浮着从不洁的餐具上脱落下来的脏东西,煮米饭用的是木桶中的雨水,枯叶和屋顶的尘土成了调料,可怕的馅饼则是由倒胃口的残羹剩饭和腐臭的肥肉做成的。而威尔逊先生看到的肉、面、奶和米,毫无疑问,都是好的。这些饥肠辘辘的小女生既没有胆量抱怨,也不能以不公正为由进行申辩。对其他人来说,向威尔逊先生抱怨并非易事。令人生厌的福音派观点让他得出这样的结论:怀有私心的约克郡教师必然贪婪。他会要求他们克服人类的自然欲望。作为一个自负之人,他力图培养人的谦卑。孩子们衣着相同,夏天戴着普通的茅草编的帽子,礼拜日身穿白色罩袍,平时穿土布衣服,冬天穿紫色裙子和紫色的皮上衣——这类衣服对这些孩子很合适,大家穿的都一样,不会相互羡慕、嫉妒和恭维。她们既不该虚荣,也不该贪婪。要求吃有滋有味的东西会招来托管人、财务总管和秘书威廉·卡鲁斯·威尔逊牧师的一味轻蔑。她们需要知道,喜欢穿漂亮的衣服,吃好吃的东西,玩好玩的游戏,这些都是不正当的欲念。因慈善的缘故,这些小学生被要求只能吃半饱。然而,有一个孩子出于天性而厌恶威尔逊先生的要求,故意置之不理。

　　一旦进入这个严苛、冰冷、饥饿的慈善之家,想要逃跑,希望非常渺茫。所有的信件和包裹都要经过总监的检查。这些小学生的朋友不准进入学校,除非他们被要求参加学校举行的典礼和仪式。然而,很可能提前入校的玛丽亚和伊丽莎白并未想到要提醒她们的小妹妹们。她们毫无经验,或许在她们想象中,所有的学校都像柯文桥学校这样。她们多么渴望学习,无疑她们愿意接受那里的冰冷、饥饿和蓄意的无情,然而结果是,她们的童年充满了焦虑,她们也变得早熟。

重任落在了聪明、温和而大大咧咧的大姐玛丽亚身上。柯文桥学校主要教的课是日常工作的价值。

玛丽亚无忧无虑,快人快语,充满柔情,成不了一台机器。她同柯文桥学校的每一项原则都格格不入。一位教师对她深感不满,想方设法来羞辱和压制这性情温顺但懒散的小家伙。9月,活泼的夏洛蒂和小艾米莉来到柯文桥学校。在这里,她们看到她们所崇拜的、曾待她们像母亲般的玛丽亚却变成了学校的嘲弄对象和不可救药的饭桶。

对更小的夏洛蒂和艾米莉来说,情形就好多了。夏洛蒂聪明伶俐,艾米莉则是几个姐妹中最漂亮的。她是"一个可爱的孩子,五岁不到,却成为学校里受宠的小家伙"。不过,毫无疑问,这两个孩子最初对新的环境和新的小伙伴感到高兴,但是麻烦很快就降临到她们身上。不仅仅是不满食物的匮乏,不仅仅是她们感到身体寒冷,她们还看到了大姐日渐消瘦、面色苍白,却丝毫得不到照看,她的虚弱也被置若罔闻。这个受到虐待、营养不良的孩子病得越来越重,却毫无怨言。最后,就连柯文桥学校的头面人物也看出,她已然生命垂危。

1825年春,他们派人去请勃朗特先生。孩子们给他写的所有的信中都没提及玛丽亚患病之事,因为这些信都是经学校总监检查后发出去的。他根本没听说过这里食物不足、房间潮湿和忽视怠慢孩子的情况。他来到柯文桥学校,见到了他那个聪明的孩子——玛丽亚。此时的她瘦骨嶙峋,无人过问,奄奄一息。勃朗特先生感到非常震惊。他要带玛丽亚回家,三个妹妹目不转睛地看着姐姐离她们远去。玛丽亚回到了霍沃思家中。几天后,她离开了这个世界。

玛丽亚死后没几周,春天就来了,洛伍德的生活变得可以忍受了,三个悲伤的小妹妹再也不用夜里醒来忍受寒冷了,再也不用脚底流血、一瘸一拐地走路了。她们可以在阳光下散步和摘花了。由 4 月进入 5 月,一种传染病降临到柯文桥学校。这些女孩子们一个个看上去虚弱而疲惫,无论责骂还是课文都无法让她们振作精神。这些孩子无法在沁人心脾的春日空气中玩耍嬉闹,也无法摘花相逐,她们变得倦怠无力,无精打采。学校则一切顺其自然,不再继续要她们学习或玩耍了。重病的孩子越来越多,到最后就连那些无情的监护人也变得忧心忡忡了。伊丽莎白·勃朗特是第一个罹患重症的孩子。神秘不明的热病在整个学校里蔓延,不过伊丽莎白的病倒不是发烧引起的。她的不断咳嗽,她的坚挺精神,她的脸色,都表明她患的可能是其他疾病。他们把她送回家,由一位家佣照看她。夏日的阳光尚未将霍沃思教堂墓地稀疏的花朵催红,伊丽莎白·勃朗特就死了,再也不用忍饥挨冻了,也再也不用忧伤难过了。她为期十年的艰难人生结束了。勃朗特姐妹中的老二成了肺痨的牺牲品。

　　此后,柯文桥学校似乎放松了对余下的学生的管束。她们可以多吃一些了,因为少了几张吃饭的嘴;她们也有更多的时间玩耍和散步了,因为没有人看守和限制这些渴望自由的孩子们了。她们感到如释重负,尽情地玩耍、吃喝、叫喊、狂奔,但是她们也知道,她们之所以现在能够自由自在,是因为死神就在校舍,瘟疫正在蔓延。

　　柯文桥学校的木头房子内部阴暗潮湿,有碍健康。这里的学生营养不良,管束严厉,不受关注。她们莫名其妙的疲惫和倦怠随着春天的到来变得越发严重。很快,八十个女生中有四十五个患上了斑疹伤寒。许多学生被送回家等死,有的学生就死在柯文桥学校内。能够送回家的都送回家了,只有少数几个学生还留在这个热病蔓延、污染严重的大房子里。在这里,粉笔和药的味道混合在一起,却无法消除那种令人昏厥和恶心的热病和死亡的味道。在这几个被遗弃的孩子中,就有夏洛蒂·勃朗特和艾米莉·勃朗特。

多亏这种无拘无束和无所顾忌的生活,多亏了阳光,也多亏了异常丰富的食物,这两个孩子没有被传染。现在对她们来说,情况的确好多了。她们幼小的躯体中的义愤情绪也许缓和了,两个姐姐的死也被淡忘了。

改革开始在柯文桥学校快速推行,旧秩序被清除了。这个地方被宣布为有害身心健康之地,服装不足,水臭难饮。来学校检查的医生尝了学生平时吃的东西,竟然吃到嘴里又喷了出来。一切必须改变。对威尔逊先生来说,这是一件令他痛苦和耻辱的事情。他毫无良心不安之感,因为他自认为勤奋工作,办学进展良好,账目一清二楚,培养措施周全,制度周密细致,这些女生似乎真的正在获得一种谦恭和温顺的精神,他还援引了办学简介中的话:"伟大的目标就是提升她们的智力和宗教意识。"后来,不曾想,疾病入侵,结果这个模范学校变成了一个谴责它所属的郡及其规则的惯用语。不管怎样,人们对待这位有影响力、富有的财务总管、托管人兼秘书的态度不能不说是公正的。他们承认他精力充沛,善于理财,具有组织能力。他们所做的就是证明其严格管理的合理性。他仍然继续担任财务总管,但是基金则委托给了一个委员会管理。他保住了督查的职位,但是为他配了助理来分担他的职责,也有了一位新总监来负责学校的总务,改进食物的配额。最后,为了在更卫生的地点建一栋更好的校舍,还开展了捐赠活动。当夏洛蒂和艾米莉回家过暑假时,改革在柯文桥全面展开。

四位孩子中的两位,六个月前离开她们快乐的家,现在又回到家中。回家后,再也见不到母亲般的玛丽亚和坚定而有耐心的伊丽莎白了。荒野中漫步,荆棘树下讲故事,自此以后,想必无法继续了。在这栋房子里或花园里再也看不到这几个孩子中的大姐和二姐了,她们此刻正静静长眠在靠近教堂牧师住宅的靠背长椅的铺路石下面。当布道太长时,三个小妹妹和一个小弟弟想必会常常想到他们那两个安眠于咫尺之内的姐姐。因此,她们很早就熟悉了死亡并与之为邻。至少,她们中的一位,也就是高高的、大胆的艾米莉长大后,不厌其烦地去想死亡,而从不梦想那遥远的天堂。

暑假结束后,两姐妹又回到了学校。奇怪的是,父亲把她们送回那个要命的地方时毫不担心。在家里,姨妈守着她喜爱的两个孩子,倒无须太担心。夏洛蒂和艾米莉回到柯文桥学校。然而,冬天到来前,她们病了:潮湿的空气和肮脏的居住环境(当时新校舍尚未建成)使她们的身体变得孱弱起来。想起她们姐姐的死,学校当局告知了勃朗特先生,因此,两姐妹又回到了位于霍沃思的家。

第四章　童年

Chapter Ⅳ　Childhood

夏洛蒂和艾米莉回到了她们的家乡,这个地方并不比她们离开的那所学校更有益健康。然而,她们的家毕竟在这里。这里风大寒冷,排水不良。勃朗特先生曾努力敦促教区居民改善这个地方的卫生条件,但是许多年过去了,他的努力毫无效果。谨慎的约克郡人不愿将钱投在地下。勃朗特先生难以让他们相信在霍沃思经常发生时疫和热病的真正原因,而这些病的流行是可以通过改善地下排水系统来解决的。一味地归咎于天意也许更方便、更容易。因此,勃朗特牧师的倡导徒然无效。他如此倡导,也许是因为他自己的居所就被浓厚的有害氛围所笼罩。

　　走出牧师住宅的大门时,你可以看到刻碑石匠的工棚,里面堆满了待用的石碑。当石匠凿刻"缅怀逝者"字样时,凿子凿石的声音便会不断地传到人们的耳朵里。

努茜小姐的手稿就是这么说的。她也讲述了接连不断的教堂丧钟的声音,以及在拥挤的教堂墓地不断举办的葬礼。对这些敏感而柔弱的孩子们来说,这绝不是一个快乐健康的家。

　　透过牧师住宅的窗户,首先看到的是被墙围起来的一块草地、一两棵荆棘树、几簇未长大的灌木丛和醋栗丛。接下来看到的是半围起来的宽阔的教堂墓地，里面到处是墓碑，几乎看不到草地。

教堂墓地的外面是一片片贫瘠光秃的荒野，绵延而去数英里。荒野为一群群山羊提供食物，是野兔的庇护所、飞鸟的栖息地。人们既不在这荒野之地种粮，也不将它用作牧场，而是将它用作采石场。秋日的夜晚，一堆堆泥煤在那里闷烧。

这就是艾米莉·勃朗特所依恋的家。她爱瑞士，因为瑞士有白茫茫的山峦；她爱家乡，因为家乡有她从小熟悉的一切。离家时，她会十分想家，并会因此患病。可是她的童年时代是在缺乏母爱的家中度过的，缺少孩提时代应有的快乐。忙碌和严苛的日常生活，因她亲爱的难以忘怀的玩伴玛丽娅和伊丽莎白的死，变得更加暗淡无光。夏洛蒂只比艾米莉大两岁，现在却成了家里的老大，但她的责任感似乎与她的年纪相当不符。深得布兰威尔小姐宠爱的那个娇柔、怯弱和可爱的安妮成了艾米莉的伙伴。只有当艾米莉感到轻松愉快时，安妮才能走近她。然而，安妮那么亲近她，以至于艾米莉从未想过找其他朋友。因此，从童年起，她就习惯于将最深邃的思想和最生动的幻想保持在自己的内心深处。

这是一种安静的常规生活。上午，刷地毯、缝纫和打扫卫生。然后到楼上在姨妈面前背几篇课文。晚上，勃朗特先生在书房写布道词，布兰威尔小姐坐在自己的卧室，只有四个孩子待在客厅，或坐在厨房的炉火旁。当用人塔比四下忙碌时，他们会编写杂志和剧本。

这些剧本仍然有很多涉及政治问题。勃朗特先生对世界上发生的事怀有浓厚的兴趣，常常对孩子们讲述当天的主要公共新闻,让孩子们读他们拿得住的报纸和杂志。因此,当其他孩子还在把巨人杀手杰克①当作英雄时,这些小勃朗特已在闲聊惠灵顿公爵了。杜罗侯爵②是他们心目中的白马王子。她们心目的人形兽心的耶胡③就是天主教徒;她们心目中最有权势的魔鬼就是"自由部"④。家史记录者夏洛蒂写到 1829 年发生的事情时说:

> 我们完成了剧本的创作。《年轻人》(*Young Men*)完成于 1826 年 6 月,《我们的朋友》(*Our Fellows*)完成于 1827 年 7 月,《岛人》(*Islanders*)完成于 1827 年 12 月。我们这三个剧本杰作并非秘密。艾米莉和我的最佳剧本完成于 1827 年 12 月 1 日,其他人的最佳剧本完成于 1828 年 3 月。最佳剧本的意思是秘密剧本。它们非常出色。我们的剧本都非常奇特。它们的性质,我无须写在纸上,因为我对它们了然于心。剧本《年轻人》依据布兰威尔的几个木偶兵写成,《我们的伙伴》取材于《伊索寓言》,《岛人》则基于已发生的几件事。我希望我能够更清楚地描述我们剧本的取材。先说《年轻人》。爸爸从利兹给布兰威尔买了几个木偶兵。爸爸回家时已是夜里,我们都上床睡觉了。次日早晨,布兰威尔来

---

① 巨人杀手杰克(Jack the Giant Slayer)是个农夫的儿子,生活在亚瑟王时代。他既勇敢又聪明,因杀死巨人而扬名。

② 杜罗侯爵是勃朗特姐妹早期浪漫创作中的一个人物。

③ 耶胡(Yahoos)是斯威夫特小说《格列佛游记》所描写的慧骃国中的一类人形兽心的生物。

④ 自由部是天主教会的一个管理部门。

到我们的房间（过道那边的小房间，安妮同姨妈一起睡），手里拿着一盒子木偶兵。艾米莉和我跳下床。我一下子抢了一个木偶兵，大声喊道："这是惠灵顿公爵！"这应该是惠灵顿公爵。我的话声刚落，艾米莉也拿了一个说，这个应该是她的。安妮下来说，有一个应该是她的。我的是这些木偶兵中最可爱的一个，个头最高，各部分完美无缺。艾米莉的是一个表情严肃的家伙，我们叫它"格拉韦"。安妮的是一个奇怪的小家伙，太像她本人了，我们叫它"侍童"。布兰威尔选择了他自己喜欢的木偶兵，叫它"波拿巴"。

在另一个剧本里，艾米莉选择瓦尔特·司各特爵士、洛克哈特先生和约翰尼·洛克哈特作为她笔下的人物。夏洛蒂选择惠灵顿公爵、杜罗侯爵、阿伯内西先生和克利斯朵夫·诺斯先生作为她笔下的人物。最后的这个人物在这几个孩子的眼中的确非常重要。《布莱克伍德杂志》是她们最爱读的杂志。在父亲的书架上小说和诗集不多。这位牧师引以为傲的自然是神学著作及其参考书。女孩子们感兴趣的只是她们那个康沃尔的母亲留下的罗伯特·骚塞的狂野的传奇和瓦尔特·司各特爵士的诗歌，还有"几本疯狂的卫理公会教派杂志，这些杂志充满了奇迹、幽灵、超自然警示、不祥的梦幻、疯狂的迷恋"；同样，还有《雪莉》的读者所熟悉的《生不如死》中的伊丽莎白·罗夫人的那些疯狂的书信。为了平衡他们对传奇和恐怖小说的兴趣，这些孩子也乐于读政治方面的书和《布莱克伍德杂志》。十三岁的夏洛蒂说，该杂志是"当时所能看到的最有能力的期刊"。他们也看了《约翰牛》（约翰牛是"一个极端的托利党人,非常粗暴好斗"),以及最出色的托利党报纸《利兹水星报》和《利兹通讯报》,由此对当时的所有热点问题变得格外关注。

布兰威尔小姐特别关注这几个女孩子的家务知识。每个女孩都帮她做家务,她们了解家务详情,就像德国女孩在烹饪学校里所要学的那样。即便如此,艾米莉还是非常爽快地愿意做最难的家务活。她由此感到了自己的能力,也感到了做家务的必要性。她还要去楼上耐心地听一本正经的布兰威尔小姐讲她过去的欢乐时光。这个执拗的女孩高兴地想,自己在这个家里还是很重要的,尽管她看上去少言寡语,一副若有所思的样子。

这些女孩子过得还不错,但是她们的兄弟并非如此。布兰威尔具有才情,缺乏生活目标,具有凯尔特人的快乐,热爱娱乐,轻松愉快,这让他成为最可爱的玩伴,但他也是一个让人操心的负担。朋友劝勃朗特先生送儿子去学校读书,然而强烈的虚荣心让勃朗特先生谢绝了朋友的劝告,因为虚荣心使他想要自己的孩子一丝不苟地效法他度过青年时代。既然他自己是吃土豆长大的,那么他的孩子就不应该吃肉。既然他自己就是在家里长大的,而且没有什么不好,那么帕特里克·布兰威尔为什么应该去学校读书呢?每天父亲都会抽出一部分时间教育他的儿子,但是作为一个牧师,他的时间并非完全由自己来支配。他常常因教区事务被人叫走。

毫无疑问,勃朗特先生认为,除了辅导儿子功课外,他的时间主要花在了认真处理那些艰难的教区事务上。然而,布兰威尔虽然表面上具有父亲的那种迷人风度,却缺乏父亲那种潜在的意志力。他痴迷于自我放纵的诱惑,从不加以克制,他父亲则从未屈从于这些诱惑,而是靠一种禁欲的生活规则抵御这些诱惑的。布兰威尔并没有将这些漫长的下午花在学习方面,而是花在了同村子里野孩子的玩耍上。这个"牧师家的帕特里克"成为这些野孩子里出类拔萃的孩子王。

　　毫无疑问,这些野孩子的崇拜让布兰威尔深感得意。他喜欢这种聚闹。尽管如此,他并没有将他的姐妹们置于脑后。夏洛蒂说过,当时她爱他甚至就像爱自己的灵魂——这可是认真说出来的话。然而,艾米莉和布兰威尔才是互补的。布兰威尔是明快、浅薄和苛求的,艾米莉则是沉静、沉思和无私的,更愿意付出而不是索取。1831 年 1 月,夏洛蒂去了二十英里外位于罗黑德的伍勒小姐的学校,而布兰威尔和艾米莉则留在家中相互依靠,相互关照,一起娱乐。

　　夏洛蒂在罗黑德的学校读了一年半,于 1832 年 7 月回到家中。她把自己在学校所学到的东西教给艾米莉和安妮。她主要教英法翻译、英语和绘画。幸运的是,天才不需课程安排。尽管如此,她们还是刻苦用功,尽可能多地从夏洛蒂老师那里获益,并以此来丰富自己。每天上午从九点到十一点半,她们上课,然后一起去荒野看花。一片片荒野到处开满了花。在荒野上,艾米莉一改平时的作派。十四岁的艾米莉平时在家少言寡语,按部就班地帮忙做家务,学习功课。而在荒野,她则欢声笑语,追逐嬉闹,几乎就像一个野孩子。她会说一些离奇幽默的俏皮话,做出可爱的样子,逗大家发笑。在这里,她无拘无束,会小心翼翼地将雏鸟捧在手中,而这些雏鸟,静静地聆听她给它们讲故事,毫无惊怕之意。她的身材与其他姐妹有所不同,修长而苗条,骨瘦如柴,各处都还没长开;她有一头浓密的褐色头发,还有一双深邃而漂亮的褐色眼睛,闪烁着激情,也给人某种坚毅之感;她的嘴唇轮廓鲜明,也透露出某种坚定的意味。

这三姐妹,有时加上布兰威尔,在荒野上走得很远。有时,她们会步行四英里去位于山脊那边山谷中的基思利。从她们家所在的地方看不到基思利,那里总是被一层朦胧的雾霭笼罩着,远远望去,就像从火山湖升起的蒸汽。三姐妹在基思利的一个流动图书馆办理了借阅手续,因此很乐意徒步走那难走的八英里,只是为了能够带回来一本司各特的小说和一本骚塞的诗集。在基思利,她们也买一些纸张。文具店老板不免惊讶于她们如何竟能长途跋涉来到这里。

有时,她们也会越过斯坦伯里荒野来到沃特福尔。这是一个充满浪漫情调的幽谷,位于有着清新空气的山岳的另一面。那里,一泓小溪流淌在大鹅卵石上,几棵细高而纤弱的桦树跃出,在这贫瘠的乡村,不啻是一个奇迹。这是一个让艾米莉流连忘返的地方。的确,大家都喜欢这个地方。在这里,她们会用到她们买的纸张,因为她们还保留着原有的写故事、写诗歌的习惯,喜欢在户外写作和绘画。在这期间她们在学绘画课,会用一部分纸画画。艾米莉和夏洛蒂专心于绘画。夏洛蒂摹绘得准确而忠实,而艾米莉画动物和静物,用笔要洒脱得多,每一笔坚实确定。夏洛蒂的纸有些想必也用来写信了。她在学校交了一些朋友,这对生活圈狭小的她们来说,是一件重要的事。在这些朋友中,关系最密切的那位,霍沃思的家人并不知晓。许多次,艾米莉和安妮想必听说过有关那个知识丰富、可爱活泼的女孩的叙述。这样的女孩,无论在什么地方,都会讨人喜欢。她赢得了羞涩而朴实的夏洛蒂的心。她的确有一种不同的生活。这位美丽的少女,虽然青春靓丽,讨人喜欢,但还是看到了这样的事实:衣着古怪老式的夏洛蒂·勃朗特是她熟人中最不寻常的一个。她是夏洛蒂家之外第一个发现夏洛蒂真实品质和天赋的人;处在像夏洛蒂这样的年纪和社会地位,大多数女孩都在忙于追求自己未来的幸福,不会认同夏洛蒂这样的想法、奇异的活动和过分的敏感。而这个女孩子却是那么早地喜欢上了她。她还活着,成为最后一位真切回忆勃朗特的家庭生活方式、家庭成员和生活习惯的人。

1832 年 9 月,夏洛蒂离家两周,访问了她那位密友艾伦的家。布兰威尔送她去那里。大概此前他从未离开过家,看到那里漂亮的房子和风景,他精神为之一振。他四处查看,对那里的一切品头论足。他滔滔不绝地发表议论,在那座城堡似的古老建筑各处瞭望,选择了"建筑的一小部分"想要画下来。他的聪明活泼和爱尔兰人的快乐天性让全家人感到高兴。而此间,夏洛蒂在一旁观看,羞怯而木讷。"我把你留在天堂了!"布兰威尔走时大声说。他走过荒野回到位于霍沃思的家,在简陋的小客厅里,给艾米莉和安妮讲他此行的故事。

夏洛蒂的朋友艾伦将她送回家,并装了一些苹果带给她的两个妹妹。"她们说,她们觉得艾伦小姐一定十分可爱和友善。两个人都恨不得立刻看到您。我希望不久她们就能有这样的荣幸……"夏洛蒂用一种古雅的英式法语写了这段话。这种语言常常作为一种练习用于她与朋友之间的通信。然而冬天渐近。霍沃思的冬天沉闷无趣。布兰威尔小姐劝勃朗特姐妹等夏天到了,荒野变得温暖、干爽和漂亮时,再邀请她们的朋友来霍沃思。到那时,她们可以有更多的时间在户外活动了。1833 年夏天,艾伦来到了霍沃思。

艾伦·努茜小姐与艾米莉·勃朗特关系密切，是艾米莉的熟人中唯一还活着的人。她的说法同那些社会地位更低的朋友们的说法相似。那些朋友曾帮夏洛蒂姐妹做饭和打扫卫生。从那些人那里，我们可以了解到，艾伦是一个活跃、亲切、热心肠的女孩子。对熟人，她充满了幽默感和感情，不过对生人，她则显得有点羞怯和冷淡。这位与众不同、充满激情的女孩子牢牢地印在了艾米莉的记忆之中。

1833年，艾米莉快十五岁了，个头不矮，胳臂很长，发育成熟，步态轻捷，身材苗条，穿上漂亮衣服后，看上去很高贵。然而，当她懒散地坐在荒野上，对着狗吹口哨，或迈着大步走过崎岖的地面时，她的随性散漫让她更像一个男孩子。这是一个又高又瘦、动作灵活的女孩子，不丑，但容貌有点特别，面色格外苍白。她的暗褐色头发具有一种自然美；后来，她用一把高梳轻轻地固定住脑后的头发，非常好看。不过，在1833年，她的头发则是紧紧卷起来的、看上去与她的年龄不太相符。她眼睛很好看，双眸呈褐色。她的朋友艾伦后来回忆说："她的目光温柔、清澈、明亮。"她的鼻梁很高，嘴唇突显，富于表现力。她少言寡语。她衣着打扮并不时尚和雅致，但是步态自然，具有她喜爱的野生动物的那种轻盈之美。她酷爱散步，总是在荒野度过她的闲暇时光。她热爱那里的自由奔放和辽阔天空。她也热爱动植物。从未有人像她那样深深爱着大地母亲、花草树木、飞禽走兽和各种昆虫。要不是布兰威尔小姐适当限制她外甥女对动物的喜爱，说不定艾米莉还会在家里养满宠物。艾米莉只被准许养一条狗，而且它只能在特定的时间进入客厅；但是，一到户外，艾米莉就同各种飞禽走兽成了朋友。在回家的路上，她会手捧幼鸟或兔子，轻声地同它们说话。"哦,艾米莉小姐,"年轻的用人会问,"你觉得这只鸟能听懂你的话吗?""我敢说,它能,"艾米莉回答,"哦,我敢说,她能听懂我说的话。"

勃朗特姐妹会带着她们的朋友在荒野间散步很久。当她们走得太远时,家里的老杂工塔比说什么都要护送她们,除非布兰威尔替代他承担这个责任,因为在他眼里,她们还是"小孩子"。艾米莉和安妮走在一起。她们和布兰威尔遇到溪流会边淌水边为夏洛蒂和艾伦放踏脚石。每到一个景点,每看到一朵花,这些快乐的孩子便会停下来议论和欣赏,并加以推论。在这时,艾米莉的拘谨就像晨雾一样消散了,她会变得兴高采烈。在这片属于她的领地,她变得无拘无束,欢声笑语。在晴朗的日子里,艾米莉和安妮会劝其他人步行到沃特福尔。沃特福尔是一个翠绿色草地覆盖的小岛,为石南植物所围绕,清泉波光粼粼,银色桦树的树影和灰色的鹅卵石随处可见,真是一个美丽的栖息之地。在这里,四个女孩子自称"四人组"。她们坐在一起,听艾伦讲述她们未曾见过的世界。或者,艾米莉身靠一块石板,像一个幼童般玩弄水中的蝌蚪,让它们四处游动。当她用手驱赶它们时,她会从道德上解释何为强者与弱者,何为勇士与懦夫。休息之后,她们迈着沉重的步伐回家,还要准备一个愉快的聚会。路上,有时会遇到迷途的村民,就会为他指路。然后,三姐妹大气不敢喘地继续赶路。

到了晚上九点,四个女孩放下手中的针线活,开始有说有笑,在客厅里跑来跑去。布兰威尔小姐早就睡觉了,只留下孩子们在客厅。客厅干净整洁,没有窗帘,只能看见灰色墙壁和马毛装饰。然而,有好朋友在,房间四壁生辉。布兰威尔在家的夜晚,她们有说不完的话,听不完的故事。因为每当有访客来到教堂庭院外的"黑牛客栈",店老板都会派人去请"牧师家的帕特里克"来客栈,用精彩的吹牛来逗客人开心。

艾伦来访期间,她们很少动笔,但却快乐地讨论,编故事,认真争论。有时,她们会说起死去的玛丽亚和伊丽莎白,总是怀着深情回想她们。约八点,勃朗特先生会招呼全家人做祷告。一个小时后,他会拴上前门,而后上楼休息,但总会在小客厅停下,善意警告孩子们不要睡得太晚。最后,她们停止交谈去睡觉。艾米莉把自己的床让给艾伦,自己则睡在用人的房间。

次日早餐时,艾伦惊悸地聆听勃朗特先生热心讲野蛮恐怖的故事,讲充满迷信色彩的爱尔兰的可怕故事,还讲粗鲁的荒野人的野蛮传说。听了这些故事和传说,艾伦的脸色会变得苍白,手会变得冰凉。不过,当瞧见艾米莉的脸色时,她感到惊讶,紧张的神情随即放松下来。她看到,艾米莉俯身用手端起一碗粥给那条狗吃。她神情奇异,内心充满感激和愉悦,仿佛她已经获得某种能够完成她脑海中的一幅图画的东西。对少言寡语的艾米莉来说,少说话可以避免狂野精神的突发。她精力充沛,忙于做饭和清洁,除了为每天的安适做准备外,仿佛没有其他的生活目标。艾米莉也同样关注那些奇异怪诞的东西。五岁时,她就经常用奇异的神怪故事来惊吓保姆。这两种全然不同的生活在她心里携手并进,彼此既不会混为一体,也不会相互干扰。因此,她既是一个心灵手巧、讲求实际的人,也是一个充满了奇异恐怖幻想的人。每一个自我都独立于那些与她朝夕相伴的人。当时,人们只知道,她是"牧师家的艾米莉",一个腼腆局促的女孩,从未像她姐妹那样在主日学校教课,也从不像快乐的布兰威尔那样同村民交谈,然而她却乐于帮助有病之人和困苦之人。在村民看来,她并不漂亮,只是一个"线条优美的小丫头",大大咧咧,不像漂亮的安妮那样整洁、优雅,也缺乏夏洛蒂那样的穿着品位;她只不过是一个头脑聪明、特立独行的小丫头罢了。村里的人就是这样看她的,可在家里,大家都喜爱她。她感情强烈,衣着随意,意志坚定,蔑视俗套和惯例。大家喜欢她,是因为她是这个家庭不可或缺的可爱成员。当时,她的朋友和邻居做梦都不会想到,艾米莉具有深邃的自我和激越的天赋。然而,今天的人们,只记得这样一个艾米莉。

日子在继续,快乐的秋日到了。夏洛蒂和她的朋友在鲜花盛开的荒野中漫步,安妮和艾米莉拿着小板凳,搬着大课桌,来到花园,在醋栗矮树下写作,不时停笔去摘熟透的果实。继而,凄冷的十月到了,凄风苦雨。艾伦回家了,"四人组"缺了一位,让夏洛蒂备感孤独,艾米莉和安妮也感到兴味索然。"她们从没有像喜欢像那样喜欢过别人。"夏洛蒂说。

冬天到了。那年,疾患更多。屋后的荒野因雨雪而无法穿越。布兰威尔小姐不时想起到彭赞斯温暖和绚丽的冬天,还为此落了泪,她冷得颤抖,偎在卧室里炉火旁。勃朗特先生病了。户外的上空不断回响着丧钟的悲悼之声。然而,这四个孩子围坐在客厅里的壁炉旁,并未感到寒冷和凄惨。他们正在梦想着幸福和光荣的未来,以及伟大的艺术生涯。不是夏洛蒂的未来,也不是艾米莉和安妮的,她们只不过是几个女孩子罢了,她们梦想的是这个家的希望——布兰威尔的未来。

第五章　上学

Chapter V　Going to School

艾米莉已经十六岁了,村民们依然说她是"勃朗特家最聪明的小孩",其实她很少在他们面前展示她的聪明。她是自学成才的,和她身上自制的衣裙一样,朴素无华,这种经历并不能给一名家庭教师的履历增光添彩,而家庭教师也许是艾米莉将来不得不选择的职业。勃朗特姐妹在生活观方面,太过严肃高尚了,从未想过把婚姻作为一种谋生的手段。然而,即使世俗的姐妹也会承认,缺乏耐心的艾米莉嫁人的机会很小。她对陌生人有一种强烈的排斥感。艾伦第一次来到霍沃思时,夏洛蒂有一天病了,无法陪朋友出去。让她们感到意外的是,艾米莉却自愿带这位陌生访客去荒野散步。夏洛蒂焦急地等待她们回来,担心她那个桀骜不驯的妹妹会对艾伦表现出急躁或蔑视。那两个女孩最后回到了家。夏洛蒂将她的朋友拽到一边,急切地问:"艾米莉没对你怎么样吧?"艾米莉对艾伦很好。她在艾伦面前展示了真实的自我,展示了她那充满活力、高贵而真实的灵魂。从那天起,温和的艾伦和倔强的艾米莉便建立了真正的友谊。然而,夏洛蒂担心的事情,还是发生了,在对待陌生人的态度方面,艾米莉是多么与众不同。几天后,几名助理来找勃朗特先生,当走进他的书房时,他们碰巧看到艾米莉在那里,他们便仓促离开了;结果,这变成了牧师住宅的一个笑话:艾米莉向外界展示的形象就像一只老熊,总是让见到她的人唯恐避之不及。她讨厌陌生的面孔和陌生的地方。

她的姐妹想必太了解她这种脾性了。如果说,她这种脾性难以吸引一个男人做她的丈夫或难以打动男人的心,那么同样可悲的是,她也不适于通过做家庭教师来谋生。当时,她们不知道这种性格缺陷是难以治愈的,因为这种缺陷是生来就有的。为了让妹妹接受良好的教育,让妹妹变得富于同情心,聪明的夏洛蒂想到了一条对策——送妹妹去上学。1835 年 7 月,她写信给她的朋友:

> 我多么希望今年夏天能在霍沃思见到你,那样的话,我会非常开心。但是世事难料,人的决心不得不屈从于自然进程。我们兄弟姐妹就要分开了,各行其是。艾米莉要去学校读书,布兰威尔要去伦敦,而我要去做家庭教师了。是我自己下了这个决心的,因为我知道,有时我必须采取行动,用苏格兰谚语说就是"坚信如前"。我知道,可以让布兰威尔去皇家艺术院,让艾米莉去罗黑德学校,因为爸爸有足够钱资助他们的,虽然他收入有限。那么我要去哪儿呢?你会问。我要去的地方距离你所在的地方不足四英里。这个地方,你我都熟悉,也就是上面提到的罗黑德。是的!我要去那所我曾就读过的学校任教。乌勒小姐向我提供了这个职位。在此之前,我已收到了一两个家庭教师的聘请,不过我更愿意接受乌勒小姐提供的教职。一想到要离家,我就很难过,非常难过。但是,责任是必须履行的。我们这些意志坚定的女强人,谁会不服从呢?我不是曾对你说过你应该庆幸你的独立吗?我还记得我当时所言,现在

我非常认真地再说一遍,如果有什么事能让我开心,那就是我能够靠近你。你和波莉肯定会来看我的。对此,我毫不怀疑,因为你是那种仁爱之人。我和艾米莉将于本月 27 日离家。一想到我们会在一起,我感到几分宽慰。说实话,我必须进入一个新环境,"我的航线落入了福地"。对乌勒小姐,我既喜欢又尊敬。

离家的痛苦会对艾米莉产生很大影响,夏洛蒂对此十分担心。艾米莉惧怕陌生人,甚至到了病态程度;而且没有足够的自由,她似乎就活不下去,这也让人觉得她古怪反常。去学校读书,这让桀骜不驯、无拘无束的艾米莉非常不爽。对她来说,最开心的莫过于独自一人同她的狗在荒野嬉戏,她对友谊很少有情感或本能上的回应,丝毫也不想见她的同学。艾米莉很喜欢在霍沃思的家里做饭和熨衣,在沃特福尔写诗,带着狗在荒野步行数英里,在客厅搂着安妮的腰踱来踱去。现在,她不得不离开这里所有的人,同她亲爱的小妹妹分离。但是,她还是采取了合乎情理的做法,认为应该一试。她收拾了不多的衣物,没有抱怨,便随夏洛蒂去罗黑德了。

夏洛蒂知道自己要去哪里。她喜爱并尊敬乌勒小姐。不过,艾米莉则心怀焦虑地寻找她将要居住的那栋校舍,在那里完全不像在家里。最后,她看到了那栋校舍。这是一个宽敞、令人满意的乡村校舍,远远地矗立在旷野之中。那里视野开阔,旷野和树林映入眼帘,让人赏心悦目。然而工厂排放的烟雾却破坏和污染了这片绿色的景象。绿色的旷野、灰色的工厂,以及这里所有的一切都在讲述着工业、劳力和职业的发展情况。这里没有成片成片的荒野,没有可能让人感到的孤独。我想,当艾米莉看到那个地方时,想必心里明白,在那里,她是不会开心的。

"我妹妹艾米莉热爱荒野。"夏洛蒂说。她写到了在家后面的荒僻之地的那些日子——"在她看来,那些花比开在荒野最黑暗处的玫瑰还要鲜艳。青灰色的山坡中的一个阴暗的山洞,在她心中,就是一座伊甸园。在这个荒凉偏僻之地,她发现了许多难得的快乐。自由是她的最爱。自由是艾米莉赖以呼吸的空气;没有了自由,她便会感到生不如死。她从自己的家来到这所学校,从一种寂静、退隐式而随性、自然的生活转为一种恪守纪律、千篇一律的学校生活(虽然是在最友善的保护下),这种变化让她难以忍受。在这里,她的坚韧承受不了她那强烈的天性。每天早晨,当她醒来之时,眼前立刻会出现家和荒野的幻象。她便会在黯然神伤中度过这一天。除了我,没有人知道她的苦恼。我太明白她的心思了。她的这种心理挣扎很快损害了她的健康。她面色苍白,身体消瘦,虚弱无力,健康迅速恶化。我觉得,要是不让她回家,她会死的。"

因此,看到这种情形,夏洛蒂变得心慌了。她想起了玛丽亚和伊丽莎白的死,她害怕、痛苦,唯恐这个最爱的妹妹会随她们而去。她将自己的担心告诉了乌勒小姐。这位女校长想,本来自己出于善意,没想到艾米莉会这样,于是心里有点不快。她同意马上把艾米莉送回家。她并不在乎艾米莉,少了艾米莉,她并不会感到不安。10月,艾米莉回到了霍沃思,回到了唯一能够让她快乐和健康生活的地方。她不仅回归了比在学校所知道的更艰苦的工作和更简单的生活,而且也回归了自己的家,回归了自由和理解,又能同她的动物和花在一起了。在家乡的环境中,她很快就恢复了健康和力气,这对她那敏捷的精神来说真是再自然不过了。唉,她是那么容易陷入危境,虽然只不过在学校待了三个月而已。

虽然离家的时间这么短,但所熟悉的事物也许会大大改变。霍沃思还是原来的样子。拘谨而整洁的布兰威尔小姐依然戴着大帽子,穿着小木屐,啪嗒啪嗒走来走去。勃朗特牧师依然在早餐时讲恐怖故事,依然徒劳地同那些反对在村里推行排水系统的教区居民争论,同那些将衣服放在墓碑上晾干的女人们争论。安妮依然那么可爱,像长者那样沉思和虔诚。鲁莽而聪明的布兰威尔是全家的希望,他想要通过艺术让勃朗特这个姓氏远近闻名,但是一种不祥的变化悄然而至。艾米莉清楚地看到了这种变化,因此圣诞节后,当安妮和夏洛蒂一起去罗黑德学校时,她花更多的时间陪伴布兰威尔。

夏洛蒂的书信中没有一封提及送布兰威尔去皇家艺术学院的事。他渴望去那里。他是家里的独子,大家都愿意会为他做任何的牺牲。然而现在让这个毫无做事原则的俊男一个人待在伦敦,又有什么理由信得过他呢?他过于频繁地出入"黑牛客栈",跟那些从伦敦、利兹和曼彻斯特来的旅客说笑,因为这些旅客在晚上感到无聊和沉闷。牧师家的这个小伙子正在践行牧师儿子众所周知的命运。

她们完全没有预见到即将发生的事情。她们多么希望他的一切过错只不过是由他的男子气造成的。从布兰威尔的神经性颤抖中,她们想必看到了聪明的布兰威尔在霍沃思就已经表现出来的那种令人咋舌的放荡。

的确,有时,事情会更糟。五十年前,在约克郡,酗酒很普遍。

但是布兰威尔变得越来越粗俗,举止变得越来越轻率无礼,身体变得越来越差,这残酷地粉碎了姐妹们对他未来生涯的梦想。1836年,这种堕落开始了。一株萌芽状态的杂草只能生出一颗有毒的苦果。艾米莉总是往好处想;父亲似乎并没有觉察到他的危险;布兰威尔小姐对他过于溺爱。在村里的人看来,他就是一个开心无比的年轻绅士,每遇见一个人,他都会微笑,鞠躬致意;他喜欢晚上到"黑牛客栈",在舒适的客厅里,边饮酒边聊天;他是一个嘻嘻哈哈、浑浑噩噩、长着一头红发的小伙子。在村子里,他对任何朋友都和气气,彬彬有礼,可是在家里,他对朋友的态度则是轻率而无情的。

在其他人看来,他无所事事。表面上看,为《利兹水星报》写诗是他唯一的职业。不过,即使他每天没有花十六个小时为这家报纸写诗,也不会受到责备。似乎令人难以置信的是,虽然勃朗特先生深知他儿子所面临的那种独特的诱惑,但他却能够容忍他在村子游荡闲逛,无所事事。没几个月,他便经不住诱惑学坏了。这并非因他生活无目标,而是因他脾性不适合社交,而且交了一帮狐朋狗友。这个孩子,虽然让人喜爱,但却内心空虚,爱耍小聪明,表里不一。像这样培养出来的孩子,要拯救他,希望渺茫。

事实上,这样的情形还在悄悄地继续着。尽管在布兰威尔看来,情况表面上看也许更好。他喜欢听溢美之词,并很快会产生情感反应。他将自己造成的各种麻烦归因于自己的任性,避免让那些有关他不轨行为的议论传到家人耳朵里。这种情形一直持续到1836年暑假夏洛蒂和小安妮从乌勒小姐的学校回来。

对孤独的艾米莉来说,这又是一段难得的快乐日子。夏洛蒂的朋友艾伦光临了外观灰冷的牧师住宅。她的青春靓丽和甜美容貌让这个死气沉沉的地方顿时充满了生气。家里有了四个年轻的女孩子,把布兰威尔从"黑牛客栈"诱人的客厅吸引回家。那年圆圆的月亮也许见证了这次快乐的聚会。"最好还是不要忽略了这次团聚吧,"那些热切的小精灵中的一个后来说,"在她们离开了学校之后,在她们因努力维持生活而损害了自己的健康之前,姐妹们又生活在一起了。这时,她们尝到了欢乐和享受的滋味。她们感觉到自己有力气了,有更多的时间彼此相伴,身体好了起来,精神也更足了,个个欢声笑语。她们评论所读的东西,分析所看的文章,也动笔写作。无拘无束的交谈和睿智让那几天熠熠生辉。不过,好日子很快就结束了。夜色走进了客厅。在学校养成的一个习惯就是留出时间来梳理和表达自己的情感。在这里,一切都是自由而轻松的。她们成双成对地走来走去。艾米莉和安妮,夏洛蒂和她的朋友,像小孩子那样,彼此用手臂搂着对方的腰。当夏洛蒂兴奋异常时,她会放手离开她的朋友,用脚尖优雅地旋转几圈(可她从未学过跳舞),然后又回到她的朋友身边,继续行走。"

那几个美好的夜晚过去了。那几日快乐的时光如此短暂。之后,夏洛蒂和安妮又回到了乌勒小姐的学校,艾米莉也回归了她的生活常态。她不是那种让令人生厌的责任妨碍她行动的人。她对待自己非常严厉,但是对有错之人却怀有柔肠,对弱者则愿为之负重。除了她自己,她决不允许任何人决定她应该做什么。她不愿看到夏洛蒂在干活而自己却袖手旁观。的确,在家里,她干起家务活来比那些用人还卖力。然而,她觉得,最好是不仅能工作,还能挣钱。因此,当她发现有能力做到这一点时,便于9月离开了霍沃思。夏洛蒂从学校写信给她的朋友:"我妹妹艾米莉去了哈利法克斯附近的一所大学校当教师了。自她离家后,我只从她那里收到过一封信。在这封信里,她谈到了自己的可怕责任,从早晨六点直到晚上十一点不停地工作,中间只有半个小时的休息时间。这简直就是一种奴役。我担心她受不了。"

不管怎样,艾米莉忍了下来,坚持了整整一个学期。圣诞节,她回到霍沃思,经过短暂休息后,又离开霍沃思,继续去过那种令人痛恨的生活,在一群陌生人中做苦工。然而,当春天来临,日渐转暖,当伴着美好春光,带着回忆,回到那个严酷的流放地时,艾米莉的身体却垮了,长期深埋的乡愁毁了她的健康。艾米莉心里感到厌倦和屈辱,又回到霍沃思,在充满野性的荒野中追寻生命。

第六章　在霍沃思的少女时期

Chapter VI Girlhood at Haworth

在随后的两年里,艾米莉在霍沃思可以说是茕茕孑立,形影相吊。勃朗特家太穷了,无法让所有的家人待在家中。就这样决定了,让艾米莉留在家里操持家务,而让她的姐妹去外面的世界闯荡,挣钱养家糊口。除了自己的姐妹,艾米莉并无朋友。远在他乡的安妮是她唯一的知己。在自己的生活圈外,她唯一想见的人就是夏洛蒂的朋友艾伦。既然夏洛蒂离开了霍沃思,那么艾伦自然不会来这里。布兰威尔也不在。他的第一份受聘的工作是一所学校的门房。然而,那里的孩子嘲笑他的红头发,说他是“垂头丧气的小子”,他受不了这种侮辱,很快离开了那里,回到了霍沃思,把自己的自尊心受到伤害之事吐露给温柔宽容而又粗犷勇敢的艾米莉,或在村子里游荡以寻求安慰。

　　然后,布兰威尔去了弗内斯的布劳顿,在当地的一户人家做了家庭教师。他从那里发给霍沃思那个精神契合之人的信,在他死后多年后,由威廉·伍德先生好意地借给了我。威廉·伍德先生是布兰威尔最后的朋友之一,拥有那封磨损而褪色的信。由于偶尔的出借和某些隐私段落的删除,这封信大部分已无法阅读了,而能够读的部分又无法引用。尽管如此,这封信仍然是有价值的,因为它似乎表明了苦行的艾米莉、勇敢的夏洛蒂和虔敬的安妮所寄予厚望的这位兄弟在生活中渴求的是什么。

王牌中的老杰克：

　　不要以为我把你忘了，尽管我拖了这么久才写信给你。我的目的是，一旦我找了素材编织出一个故事，便会立刻把它给你。恰好我现在有时间转身看一看本人身在何处。

　　要是你现在看到我，你会认不出我来的。当有人告诉你，这里的人造就了我这样一个人，你会笑起来的。唉，这个世界真是充满了谎言和虚伪！我被困在一个小镇上。这个小镇退避在海岸之后，隐蔽在高高地环绕我的树木覆盖的丘陵之中。这些丘陵山体庞大，坚石林立，为浮云所笼罩。我的雇主是一位退休的郡官，拥有大片地产，心地不坏，性情豪爽。他的妻子沉默寡言，和蔼可亲。他的两个儿子可爱而活泼。我的房东是一位受人尊敬的外科医生，但七天中有六天烂醉如泥。他妻子整日里忙忙碌碌，唠唠叨叨，是个好心的女人。他的女儿，嘿！真该死！那么，我算什么？也就是说，他们怎么看我？——一个非常冷静、节制、耐心、心软、善良、优雅的哲学家，是各种杰作的图画，是正直观念的宝库。倘若我走进屋，牌便会放到桌布下面去洗，玻璃杯便被用力塞进了碗柜。我既不喝烈酒和葡萄酒，也不喝麦芽酒。我身着黑衣，笑如圣徒和殉教者。所有的女士都会说："这么好的年轻绅士却做了波斯尔思韦特的家庭教师。"这是事实，我虽然在嘲笑他们时惬意得很，却可以让他们一直处在这种幽默之中。我离开前的那天晚上在肯德尔喝威士忌，同这个结缘半年的老友告别。在皇家旅馆聚集了一群先生。我去他们那里凑热闹,点了晚餐。"今天热得像在地狱里。"他们把我当成了医生,给我让座。我给他们敬酒,敬最烈的那种,自己也一饮而尽,直到他们看到房间飞转,蜡烛舞动。一位可敬的老先生,头上涂了粉,面颊红润,大腹便便,手戴戒指……他开始发表演说,两分钟后,就在讲到妙处时,却停住了,摇了摇头,急切地四下张望,讲话开始结巴,咳嗽起来,又停了下来。他喊着要拖鞋,侍者便扶他去睡觉。接下来,一位高个子的爱尔兰乡绅和一位以色列人开始为他们各自的国家而争吵。争论到气头上,他们把酒杯砸向身边人,而不是砸向他们自己。我想要是能砸出个包弄出血来就好了(这样说当然是违法的了),于是我也把手中的酒杯摔在地上,发誓加盟爱尔兰老先生一方。随后自然是一阵喧闹,不过到了最后我们大家都平静了下来。第二天早晨醒来,我发现自己躺在床上,身边有一瓶啤酒、一只酒杯和一个开瓶器。从那以后,我再也没有尝过比牛奶和水更浓烈的东西了;我也不希望盛夏之时再回去了。我变得像斯波灵海德的温亲王那样肥胖,像他的朋友温特伯顿牧师那样敬神。我的手不再颤抖了。我同波斯尔思韦特先生一起给阿尔弗斯顿的银行写信,同几位上了年纪的女士坐在那里喝茶,闲聊一些捕风捉影的事。说到年轻女人,倒是有一位此时此刻就坐在我身边。她才十八岁,长得不错,蓝眼睛,黑头发,笑起来甜甜的。她大概没想到,魔鬼近在咫尺。老乡绅,看到你写的东西,我很开心,只是有一句话我不明白——你或许知道我指的是什么……你怎么样了？我渴望……（下面的内容被撕掉了）有关霍沃思人的一切情况。小诺西是不是觉得我把他给忘了？向天神发誓，不会忘了他的，也不会忘了埃里克。我得找一个更漂亮的人聊天了。多么美好的夜晚，老朋友。直接给我写信吧。相信我属于你。

布劳顿因弗内斯,3 月 15 日

布兰威尔这种自诩的改邪归正并未坚持太久。很快他就像以前那样没心没肺，容易动情，空虚无聊，我行我素，在霍沃思那条陡斜的街道上闲逛和说笑。而后，他去布莱德福特干起了画肖像画的行当。给人的印象就是敢画。为了谋生，实际上，他在那里不间断地坚持了数月。他几乎没学过绘画，从他现在仍珍藏于霍沃思的几幅画来看，他的绘画天赋相当于任何一家艺术学校普通新生的水准。他那一头黄褐色的头发，他那种自学成才的样子，他那些只在纸上彰显不凡的诗句，都无法让这个二十来岁的无知而爱挥霍的肖像画者在这个工作岗位上坚持太久。不久他在那里的绘画差事就结束了。他负债累累，突然从布莱德福特消失了。再出现在人们的视野时，他已遽变成了一个烦恼不安的醉鬼和鸦片吸食者。他回家了。当时，艾米莉在霍沃思。

此间，夏洛蒂和安妮远离家乡，性急的夏洛蒂感到越来越紧张，身体也越来越虚弱，温柔的安妮则患有肺病，情绪低落。艾米莉同年迈的用人塔比从早到晚忙于家务。老姨妈对她毫不关心，而老父亲总是客客气气，态度冷淡。

他们比这些女孩子们更清楚必须面对生活，他们切身感受到贫穷的胁迫,因此总是能够体谅那些陷入同样困境的人。1837年圣诞节期间,老塔比在陡滑的路上跌了一跤,摔断了腿。她快七十岁了,干不了多少活。现在发生了这样的事故,就彻底让她靠边站了,结果艾米莉、夏洛蒂和安妮三人把过圣诞节的时间都花在了做家务和照看受伤的塔比上。布兰威尔小姐迫切地想让这些姑娘腾出手来,为了替姐夫省钱,她坚持要把塔比送到她姐姐家修养,因此牧师住宅需要再雇一个用人。塔比说过,她家境不错,她姐姐的生活状况也较好。牧师住宅的厨房也许能为她提供许多肉汤和果冻,可是为什么要把姑娘们的闲暇时光和为数不多的财产浪费在一个有能力照顾自己的老用人身上呢?勃朗特先生最终被说服了,将他的决定告诉了大家。然而,姑娘们并没有被说服。她们说,塔比是这个家庭的成员之一,现在她有病在身,她们不能不管。她们并未多说,但是她们做的比说的多。她们开始绝食。茶点端上来了,她们三人却静静地坐着,禁食。第二天早晨,她们的意志更强了,忍住了饥饿,拒绝吃早餐。她们干了一天活,可当晚饭上桌时,她们仍然坚持,拒绝用餐。她们脸色苍白,情绪低落。最后,长辈们只好让步。

姑娘们赢得了胜利。她们所采取的并不是一种固执的怪异行为,而是一种正确的慷慨行为,承受了一种令人钦佩的重负。

当然,圣诞节那天,不可能有人来访,第二天也不会有人来。塔比恢复得很慢,但是并没销蚀掉她朋友们的耐心。

两年后,夏洛蒂在给她老同学的一封信中写道:

我们现在很忙,今年的最后一个月,我们一直很忙。哪有什么空闲时间?我们缺一个用人,只有一个小女孩可供差遣。可怜的塔比瘸得很厉害,最后她不得不离开我们。她现在同她姐姐住在她用自己的积蓄在一两年前购买的一栋小房子里。她过得非常舒适,什么都不缺。因为她住得离我们不远,我们常去看望她。同时,艾米莉和我,正如你所猜想的那样,真的很忙。我熨衣物,打扫房间。艾米莉烤面包,在厨房忙活。我们真的是一群奇怪的动物,我们宁可这样忙碌,也不希望在我们之中出现另一个面孔。此外,我们对塔比回来还抱有希望,她不在的时候,不该让陌生人取代她。最初我烧了想要熨烫的衣服,惹得姨妈大为恼火,但是现在我不再惹她生气了。人类的情感就是这么奇怪。现在我非常开心地给炉子涂石墨,铺床,扫地,我感到很开心,生活表现一点也不亚于其他地方的淑女。

1839 年 12 月 21 日

1840 年,艾米莉、布兰威尔和夏洛蒂全都在家。布兰威尔尽管还是像以前那样烦躁不安和闲游浪荡,但在家里还是很受欢迎的。可爱的家人对他寄予了厚望,因此他的欢声笑语唤醒了他曾有过的快乐允诺。他们原谅了他的错误和过失。想想吧,可怜的人啊,将他引入歧途的那种强烈的激情所预示的是一种强烈的个性,而不是一种软弱的意志。

对布兰威尔来说,她们所关心的是这个家的名声。她们的诗歌,她们的故事,对这些女孩子来说,只不过是一种正当的娱乐和减压的手段。她们生活的正事就是教书、做饭、清洁、挣钱,或节省她们的生活费。在艾米莉安静的生活中绝没有靠文学写作博得名声的梦想。相比之下，夏洛蒂和布兰威尔则更加冲动，也更具雄心。他们把自己的作品寄给骚塞，寄给柯勒律治，寄给华兹华斯，徒然而可怜地希望获得他们的鼓励和认可。严苛的艾米莉则不同。对她来说，表达既是一种必需，也是一种遗憾。看看艾米莉的头脑，艾米莉锁着的书桌，林林总总，有谁知晓艾米莉的激情、天赋和力度所达到的程度？然而她那种公认的力度，将是她那种主导精神的助燃剂。

眼下的难题是挣钱谋生。即使是那些耐心和勇气十足的女孩子，也无法接受这样的想法，像夏洛蒂和安妮那样倾其一生做家庭教师，像乐于持家的艾米莉那样倾其一生孤独而辛苦劳作。实现这一可恨愿景的出路似乎还是有可能找到的。几年来，《呼啸山庄》的作者和《维莱特》的作者有着最大胆的希望和珍视的梦想。这种可爱而大胆的梦想是什么？就是在霍沃思经一所女子学校。

然而，这一梦想太遥远了，难以企及。对她们来说，这就是她们微不足道而老生常谈的理想。这幢有四个房间的房子需要扩大，她们在英法语言和音乐方面所受的教育，还需通过必要的技艺学习来提高和完善。这需要时间。时间和钱，对于霍沃思教区牧师烦心的女儿们来说，是最难获得的两样奢侈品。她们会叹息，会突然暂停制订计划和起草通知，因为得到这两件奢侈品太难了。

有一个人或许会帮她们。布兰威尔小姐从每年 50 英镑的年金中省了不少钱。她有一笔钱，但是数额不大。不过对夏洛蒂和艾米莉来说，这点钱仿佛就像仙女手中的魔杖那样神奇。问题是，她会为此冒风险吗？

似乎不会。这个老太太总是打算将这笔钱留给秉承她姓氏的那个亲爱的浪子。艾米莉和夏洛蒂并不是她的宠儿。姑娘们只好要求借款，但她还是疑虑，犹豫，再复疑虑。她们的自尊心太强了，没能利用这种极为勉强的资助。她们讨论的话题仍然是可以利用的手段，她们依然痛苦而吃力地啃读一些法国小说，作为"法语会话最好的替代品"。眼下，她们放弃她们的梦想。夏洛蒂再度外出求职。快一年后，她找到了工作。这是快乐的一年，她同艾米莉一起设想各种各样的计划，进行没完没了的交谈，却摆脱不了更加迫在眉睫的焦虑，更不用说身体不好的安妮带给她们的焦虑了。布兰威尔离开了家，在鲁登登福特火车站做了站长，干得不错，"开始在利兹到曼彻斯特的铁路线上，以漫游、冒险、浪漫的游侠骑士似的职员身份寻求发迹的机会"。夏天，艾伦来霍沃思住了几天。这栋荒野上的灰房子顿时变得热闹欢腾起来。勃朗特先生的健康每况愈下，他不得不聘用一位助理牧师来帮忙。这位霍沃思助理牧师把他的牧师朋友带到家里来。这让艾米莉很是反感，也让忧郁的安妮不胜烦扰。结果她们三人的职责全落在夏洛蒂一人身上。

　　节日期间，安妮在家，过去生活的欢乐和乐趣又回来了。而且，这次有了一位英俊、快乐、轻松、和气、慷慨、无虑、灵巧、易变、不像牧师的助理牧师，为这个家增添了活跃气氛。"在教堂里，他坐在安妮的对面，轻轻地叹气，从眼角往外瞧——她沉默不语，神情沮丧。他们就是一幅画。"夏洛蒂开心地说。霍沃思的第一位助理牧师没有受到艾米莉的嘲讽。在牧师住宅，年轻英俊、头脑灵活、心情愉快的他，为大家所喜爱，尤为布兰威尔小姐所惠顾。对这位老太太，他又是开玩笑又是奉承，语气亲切，这让他确信自己在这里颇受欢迎。他每天都造访勃朗特先生的书房,接着对面的客厅几乎总是有人叫他,那时布兰威尔小姐便会常常离开她在楼上的卧室,加入客厅里正在进行的生动聊天。她总是坐在茶桌主人的位置,而这位助理牧师便是茶桌边上的常客。她的外甥女们会在茶聊时间设法保持逗乐,主要是通过助理牧师辛辣的俏皮话让所有的人发笑,并搞晕那个老太太,这个老太太拙劣地想要控制她那三个精神头十足的外甥女。没有人喜欢这种玩笑,但寡言少语的艾米莉例外。开这种玩笑时,她总是在场,显得很开心。"当她开心时,就像平时那样,她的神情总是熠熠生辉。"艾伦·努茜小姐这样对我说。有许多熟悉而难以在这里引用的快乐传说记述了艾米莉在那些无忧无虑的日子里轻松的心情和欢快的精神状态。这些幼稚而可爱的小故事讲述了艾米莉挺身而出保护其他女孩子摆脱求婚者的迫切追求。其实,这位少女保护者并非那么勇敢,那么快乐,也并非本该如此。家人为赞赏她在这样的场合看起来那种好战的样子,称她为"少校"。即使在看不到和听不到她那军人般的冲锋和欢呼的时候,她勇敢的心犹在,大家仍然称她为"少校"。

不过,1841 年年初的那些日子,家庭气氛融洽,艾米莉就像其他健康的乡村女孩那样开心快乐。努茜说:"她做了我们做的,总是尽可能地去做。这一时期的生活,对她来说,甜蜜而快乐。"这是一种富有变化的生活。在这样的生活中,即便是琐事似乎也变得格外重要了。我们听说了当时那种小快乐和冒险精神,它们如此忠实地留在了记忆里,其中夹杂着一种可怜的快乐。她们如此微不足道,她们色彩已褪,然而就像受挤压的玫瑰,淡香犹在。布兰威尔小姐性情乖戾,待客态度生硬,不啻为一种灾难。去通向基思利的荒野散步让人产生了期待已久的兴奋。在荒野上,助理牧师要发表演讲。这位助理牧师发现四个女孩子没收到过情人节礼物时,不由慌了起来,打算在接下来的情人节给她们每一个人寄送一份礼物。"不,不要,长辈们是不会允许的。不过,毫无疑问,收到一份情人节礼物是一件重要的事。布兰威尔小姐少不了又得教训一番。""哦,不会的,"他说,"我要从布莱德福德邮寄礼物。"他步行十英里去了布莱德福德,然后又走了回来。就在2月14日那个重要的日子,在大家的渴盼中,邮递员带来了四份情人节礼物。这些礼物都被彩纸精巧地包装好了,上面写着富有创意的诗句,诗句表明了每一位接受礼物的人某种讨人喜欢的特征。多么令人开心的对比说明!多么令人高兴的佯怒!姑娘们决定用投之以桃报之以李的方式回应他的好意。夏洛蒂写了几首开玩笑的韵诗,姑娘们都在上面签了名。艾米莉兴致勃勃地参与其中,最后怀着秘密的喜悦悄然离开了。

最后,这出开心的戏结束了。夏洛蒂发广告求职,结果找到了一份差事。夏洛蒂离家期间,乌勒小姐给她来了一封信,好意地邀请夏洛蒂去她在迪斯伯里荒原的学校任职。这是一个难得的机会,不过难以想象她们如何能吸引住学生。但是,最重要的是营建一个家。这个家能为体弱的安妮遮风挡雨,能让怀有乡愁的艾米莉心情舒畅,能让夏洛蒂有时间写作,能让大家一起生活和工作。夏洛蒂理解和接受了乌勒小姐的聘请。经劝说,布兰威尔小姐借给她们100英镑。乌勒小姐没有回音。后来,雄心勃勃的夏洛蒂为摆脱被动局面写信给在霍沃思的布兰威尔小姐。

亲爱的姨妈:

自从我写信给乌勒小姐告诉她我愿接受她的聘请后，就再也没有了她的音信。我想不出为什么会这么久没有动静，除非在决定这桩事时发生了预见不到的阻碍。其间，先生和夫人及其他人提出同意一项计划，我现在就想将这份计划透露给您。我的朋友们建议，如果我想要确保永远成功，那就往后推迟六个月或更长时间去那所学校履新，务必想尽一切办法在欧洲大陆的某个学校度过这段时间。他们说，英国的学校数不胜数，竞争非常激烈。若不是走这一步来获得优势，即便我们付出非常艰苦的努力，到头来还可能会失败。他们还说，您好心借给我们的那100英镑现在或许不需要了，因为乌勒小姐将会借给我们家具；如果这样的推想不错的话，那么这笔钱至少一半要花在我所说的这项计划上，以此确保更快偿还本金和利息。

　　我不想去法国的巴黎，我要去比利时的布鲁塞尔。去那里的旅费最贵是5英镑，生活费用比在英国贵一半多一点。那里的教育设施不亚于欧洲其他地方的教育设施，甚至更好。半年后，我就可以完全熟稔法语，还可以大大提高意大利语水平，甚至猛冲一下德语。要是我的身体能保持像现在一样好的话……

　　这些好处将成为我们实际开始我们学校生涯的真正理由。如果艾米莉也能同我一起分享这一切，那么我们以后就能立足于这个世界了，而现在却无法做到这一点。我说的是艾米莉而不是安妮。假如我们的学校能够回应我们的要求，那么在未来的某个时期机会就会轮到安妮的。我确信我所写的一切,你会明白我说的并不是妄言。您总是乐于把钱用在最好的地方,而讨厌缩手缩脚地花钱。当您肯帮这个忙时,您实际上就是在这样花钱。靠这笔钱,50 英镑或 60 英镑,这样花掉它们,就是把钱用到正当的地方了。当然,在这个世界上,除了您以外,我不知道在这件事上我还能指望谁。我坚信,如果我获得了这样的优势,我们将会创造我们自己的人生。爸爸或许会认为这是一个野心勃勃的大胆计划,可要是没有野心,谁又能在这个世界上提升自己呢?当爸爸离开爱尔兰就读于剑桥大学时,他还不是像我现在一样野心勃勃?

1841 年 9 月 29 日

真的,这个计划触动了老人心中那根响亮的心弦。他专注于教区随笔和他的"村舍诗",不再关心外面的世界,只关心报纸对它的报道,懒散好静,过着一种苦行而任性的无益生活。不过,这位霍沃思教区牧师却为自己充满活力的过去而感到自豪。他总是对孩子们提及自己的过去,并让孩子们效法自己。毫无疑问,夏洛蒂的请求让父亲成了自己事业的同盟者。另一方面,布兰威尔小姐并不希望在这几个抑制不住热情的外甥女身上看到野心。可是她正一天天地变老。看到她们能够安居下来,尤其凭借她的慷慨相助能够安居乐业,她也得到一种安慰。夏洛蒂说过:"我就指望您了,姨妈,帮帮我们吧。我想,您是不会拒绝的,对吗?"的确,住在她们家里,布兰威尔小姐怎么能够开心?又怎么能够拒绝呢?

不过,在焦急等待的夏洛蒂得到答复之前,这样或那样的讨论仍在继续。此事也是艾米莉所关心的。她想必也是怀着希望和担心并存这样一种奇异的不安心情聆听和等待着。离家,她知道意味着什么。自从6岁后,她就再也没有离开过约克郡,不过在罗雷德或哈利法克斯时,有几个月备受想家之苦,如今这段思乡之苦一下子又回到了自己的记忆中。对艾米莉来说,霍沃思有益健康,易遂人愿,适于生存。离开霍沃思而去大海那边的一个陌生城市,看到的到处是陌生的面孔,听和说一种陌生语言,对艾米莉来说,夏洛蒂所渴望的冒险愿景想必是一种梦魇。然而。她必须不得不希望它,渴望它,倘若必要,还得恳求它,至少要赞成它。因为夏洛蒂说,这件事对她们的未来至关重要。在具体操作方面,夏洛蒂的话对她的两个妹妹来说就是法律。即使艾米莉,独立自主的艾米莉,虽然在自己所选的道路上坚定不移,在处理实际事务方面也都让夏洛蒂做主。

最后她们达成了共识,并写了下来,寄了出去。夏洛蒂很高兴,通知了她的雇主,开始动身回家。有许多事情需要处理。"往布鲁塞尔写信,往利乐写信,往伦敦写信。除了缝补衣服外,还有许多事情要做。"

勃朗特姐妹决定放弃她们在迪斯伯里荒原办学的机会,因为那个地方低洼潮湿,不利于安妮的健康。从布鲁塞尔回来后,她们想要在东赖丁干净的海边建一所学校。伯灵顿是她们的主要向往之地。这个美丽干净的地方面朝大海,学生们将满怀渴望地聚集在这里,受益于一位牧师的三个"受过(六个月)国外教育"的女儿用完美的法语、改良了的意大利语和突击学来的德语进行的教学活动。一种充满才气的教学展示生动地呈现在她们的眼前。

尽管如此,仍有不少困难需要先克服。最初的一步就是选择留学的学校,这也是艰难的一步。夏洛蒂在写给艾伦的信中说道:

　　　　大概三周之内,我们将离开英国,但是我们确定不了行程,因为这要看目前在伦敦的一位法国女士是否有时间陪同我们乘船启程。我们要去的地方是不确定的。爸爸收到了詹金斯先生——更准确地说,詹金斯夫人,有关布鲁塞尔的法语学校的肯定说法,说这些法语学校大都是低级学校。进一步打听后,浸洗会教友艾诺尔和其他牧师极力推荐了位于法国北部里尔的一所学校,于是我们决定就去那所学校。条件是向每个学生每年收取50英镑,包括食宿费和法语学费。不过这笔钱也可以让每个学生享受单独的房间。若不具有这种优势条件,她们就会被视为下等人。我考虑让姨妈发发善心答应额外增加一笔钱,能让我们住得起单独的房间。我们将会发现住单独的房间有诸多益处。不管怎么说,把去布鲁塞尔改成了去法国里尔,我还是觉得有点遗憾。

　　　　　　　　　　　　　　　　　　　1843 年 1 月 20 日

　　这一改变让夏洛蒂多少感到一些遗憾,不过她会发现,这一改变对于她的生活状态也将是一种改进。她决定去布鲁塞尔了。在这件事上,她得到了詹金斯太太的鼎力相助,最终发现了埃热夫人位于伊萨贝拉大街的那家寄宿学校。

　　众所周知,夏洛蒂和艾米莉这两个年纪相仿的姐妹去了那里的学校。

"大概三周以内,我们将离开英国。"这句话快乐而大胆地回响在夏洛蒂的耳边。自六岁以来,她一直独自外出去探索。"黄金城"、传奇、探索、冒险,对她来说,都是可爱的愿景。她常常渴望去看一下外面的世界,如今她就要看到了。她渴望知识,而知识之源就在这里。她渴望给人性的音域增添新的音符。她能够用一种深邃的技巧演奏这些音符。她要从自己所获之中创造出一部杰作。她此时的书信中,字里行间都洋溢着快乐,描述工作,制订计划,取笑逗乐。她就像居住在霍沃思教区的其他年轻女性那样开心快乐,那样怀抱希望。

艾米莉则不同。正是她那想象天堂里的姑娘让她感到伤心,因为这个姑娘为尘世而哭泣,最后惹怒了天使们,天使将她驱逐出天堂,抛至石南丛间,在那里醒来为欢乐而啜泣。她对认识新朋友并无兴趣,甚至厌恶陌生人。同她的牛头犬吉普一起漫步荒野是她最佳的冒险活动。了解新事物固然不错,但是她更珍视一切原创之物,更珍惜她家乡那种具有地方色彩的野生风味。她所深爱的是她的荒原之家、自己的家人、荒野中的动物、常常由她亲手喂养的那些狗、那个光秃秃的花园中的花。这些花由于她过度关照而疯长。她常常坐在一棵矮小的荆棘树下写诗,因此这棵荆棘树,在她看来,比黎巴嫩雪松还要美。现在她不得不告别这一切了。在告别时,她用了一种与夏洛蒂不同的语气说:"大概三周以内,我们将离开英国。"

第七章　在伊萨贝拉大街

Chapter Ⅶ　In the Rue d İsabelle

伊萨贝拉大街有自己的特色。当你站在皇家大道的比利亚德将军雕像旁边时，它就在你的脚下。四个高台阶往下通向街道，半边花园，半边旧房屋，一端是一栋方方正正的大宅邸。一个花园从宅邸的后面延伸到宅邸的右面。这是一栋古老的房子。一段拉丁铭文表明，17世纪初伊萨贝拉女王曾将这栋房子赐予大名鼎鼎的弩手行会。那里的园林更加古老，早在弩手行会成立之前就存在了。根据伊萨贝拉女王的意愿，街道被允许穿过园林。自那以后，园林就成了王室成员的活动之地。伊萨贝拉女王是参与活动者之一，她曾在那里打过鸟。不过，这个园林还有一个更加古老的过去。那里的果园种满了苹果树、梨树和一排排的布鲁日樱桃树；那里的贫民医院草本园种满了许多马郁兰、薄荷、百里香、紫花罗勒。13世纪时，这个园林是一个狩猎园，在种植花草树木之前，一直回响着公爵猎犬的叫声。这个历史上著名的园林和这栋宅邸都是女王下旨兴建的。1842年，它们成了埃热先生夫妇名下的财产，并在后来成为一所著名的女子寄宿学校。

　　2月的一天，霍沃思教区牧师把两个女儿带到那里，而后他在布鲁塞尔过了一夜，然后直接回到了自己在荒野上的那栋房子。比起伊萨贝拉大街的那栋宅邸，他这栋房子可说是非常现代化了。对艾米莉和夏洛蒂来说，这的确是一次改变。即使现在，布鲁塞尔（这个地方比起现代的罗马更像是天主教的总部）依然崇尚华丽，这让人回想起中世纪时期。街道树枝掩映，鲜花遍地，教会的列队慢慢地从那里穿越而行。穿着白衣服的孩子们，宛如天使般撒着玫瑰花，旗手举着带有纹章的旗帜。身穿白衣的唱诗班歌手吟唱着拉丁赞美诗，身着红色僧袍的教士手里晃动着香炉、圣物匣和圣像，人们朝它们跪下祈祷。所有这一切，即使今天，在布鲁塞尔也不是难得一见的景象，在 1842 年这更是司空见惯的景象。

门外的花市有香石竹、高高的玛丽百合和娇艳的达穆尔玫瑰。这些花摆满了维莱酒店漂亮的旧门面前古雅的中世纪广场。圣古都勒教堂塔尖高耸，拱门矗立。蒙塔涅庄园（几乎像霍沃思的街道那么陡峭）的窗户镶嵌着宝石，在夜间闪闪发亮；在那优美的小公园中，榆树正发着叶芽，塑像矗立在越冬的草秆中；古画画廊的墙壁色彩好看极了，蓝色的墙宛如夏日的夜晚，红色的墙宛若褐金，绿色的墙看上去尤其生动。

所有这一切都给这两个深居简出的约克郡姑娘留下深刻印象。夏洛蒂感受到了这座城市的美丽和奇异。而艾米莉则有着一种被流放的辛酸感，一种天生的狭隘心绪。她抗拒着这里的一切，觉得在这里的所见所闻简直就是对她思乡之情的亵渎。她绝望而徒劳地渴望霍沃思。在埃热夫人寄宿学校的比利时女生看来，这两个勃朗特姐妹是截然不同的。首先，来此读书，她们年纪也太大了，一个二十四岁，另一个二十六岁。她们似乎觉察到了这一点。她们的说话声调生硬而古怪。"那四十多部质疑性的、邪恶的、不道德的法国小说中的用语成为她们所面对的法语会话的最佳替代品。"她们怀着一种执着的精神吃力地朗读那些法国小说，可是这并不能矫正她们的口音，也不能消除她们生造的约克式法语习语。埃热先生的确认为她们完全不懂法语。她们的言谈举止,即使在英国人当中,也是呆板和阴沉的。相比比利时同学的精神饱满、粗犷和亲切,她们就像木偶那样毫无生气。她们的穿着打扮,即使是霍沃思人也会惊讶,那些三角形的衣袖看上去多么笨拙(艾米莉对自己的衣着打扮全凭一时兴致),那些裙子看上去那么瘦长,穿在小个子的夏洛蒂身上看起来是那么笨拙,而穿在瘦削高挑的艾米莉身上则像一幅具有中世纪风格的漫画。她们知道自己同环境不甚协调,因而她们总是形影不离,少言寡语。然而,埃热先生却通过耐心的观察,从她们笨拙的外表下感受到了一种奇异力量的存在。

这位法国校长是一个矮小的怪人,却有着不同寻常的观察力。"他十分热情而真诚,口才也十分了得。"他要求人们服从,显得粗暴而专横。他心地善良,宽宏大量,而又独断专行。他虚荣得可笑,而又绝对地无私慷慨。对他来说,他妻子的学校就是他的王国。他为这所学校注入了活力和热情。他的管理才能足以让他成为这个王国的统治者。他就像一位植物学家,在自己的花园里欣喜地发现了一株罕见的植物,也像一位政治家在自己的托儿所欣喜地发现了一个未来的政治家。他正是怀着这样的心情,觉察到了这两个英国学生具有能够超过她们同学的那种非同寻常的能力。几个星期以来,他一直悄悄地观察她们。胸有成竹时,他便采取行动,可以这么说,为了自己,他需要她们。

夏洛蒂立刻接受了这种轭套。他要她努力完成他为她安排的一切。她贯彻他的想法,选择他推荐的服装式样。作为对他用心的回报,她对他保持绝对顺从。对于他的大智慧,她给予了满怀深情的理解。她在写给艾伦的信中谈到了她在这里学习和服务的快乐："对我来说,服从是极其自然的,而命令则是极不自然的。"

然而,艾米莉却并非如此。她姐姐所理解和接受的那些品质很是让她恼火。那些小家伙们的颐指气使,那位凶神恶煞、身材矮小的修辞学教授的易怒和敏感,都让她厌恶至极。她会当面反驳他的观点。她成绩不错,不过都是她想要学的功课的成绩。夏洛蒂心甘情愿地顺从,而她却不肯屈就,情绪激越,难以被说服。然而,埃热先生则对她更加看重。他觉得,她具有较强的自我意识和追求。她从未屈从于他那难以取悦但并无恶意的自我主义,也从未屈服于他那种善意的专横。不过,他信任她的逻辑力量,信任她的辩论能力。这种辩论能力在男人身上也是不寻常的,在女人身上更是罕见。他心目中的天才是艾米莉而不是夏洛蒂,尽管他会抱怨,她的倔强使她对一切道理充耳不闻,而只关注她自己的决定或是非观。他想,她也许会成为一位杰出的历史学家,于是他对盖斯凯尔夫人说:"她具有很强的想象力,她对事和人的看法极其生动而鲜明,表达极其有力。她精彩的论辩支配了读者,不管这些读者先前有何看法或对真理有何出色的见解。这就是佐证。她本该是一个男人:一个卓越的领航者!"这个矮小、黝黑、热情的雄辩家大声说道,"她的理由坚实有力,从过去的知识中推导出新的发现范畴。她那种强烈的自我意志绝不会因为遭遇反对或困难而软弱下来。她执着于生活,绝不会退却!"

不过,他们从未成为朋友。尽管埃热先生有时会对艾米莉大加赞赏,但是不要忘了,当时是夏洛蒂在寻求这样的赞扬,而艾米莉的天赋则被视为一个具有可怕潜能的疯狂的妖怪。他和她太相似了,都太专横傲慢,特立独行,固执己见。这是一对刀剑,其中一个无法包容另一个。

对艾米莉来说,在布鲁塞尔的时光简直就是虚度。夏洛蒂所看重的那些微不足道的人物只会让她烦恼。拓展夏洛蒂视野的那些新印象对她来说无足轻重。对于这所传统女子寄宿学校表面下的高贵、卓越和激情,艾米莉完全视而不见。尽管她具有天赋,但她的确态度生硬,视野狭窄。

这个可怜的姑娘渴望回家。她居住的这个地方,对她来说,并非梦想之地,无足轻重。夏洛蒂醉心于新生活,渴望取悦老师,这在满心怨愤的艾米莉看来,简直就是一种令人鄙视的行为。她会笑她姐姐以法国趣味来安排她的礼服这种行为。她满足于自己难看的衣袖和在霍沃思剪裁的裙子,穿着它们,静静地从教室穿过。她很少同人讲话,只是有时会同埃热先生辩论,也许这会让她暗自高兴,因为这使得她有机会让夏洛蒂感到震惊。要是她们外出喝茶,艾米莉会静静地坐在椅子里发呆,只是回答"是"或"不是",看起来很难过,心里充满痛苦。当她做完功课时,她会去弓箭手古花园散步,在树下,倚靠在矮小的姐姐的臂膀上,面色苍白,沉默不语——一个高削和弯曲的身影。她常常一言不发。夏洛蒂也难得讲话。在那里,她见证了《维莱特》的成形。但是,艾米莉并不留恋布鲁塞尔,她日思夜想的是霍沃思。

引用一下艾米莉在此时写的一首诗再合适不过。夏洛蒂说,这首诗"写于黄昏,在教室里,又到了晚间玩耍的空闲时间,思家之情汹涌澎湃"。

快了,快了,
让人厌烦的任务就要被放下了,

当我休假时，
我可以唱了，我也可以笑了。

你要去哪里，我那厌倦的心——
什么想法，什么景象现在吸引你？
什么地点，或近或远，
供你休息？我那紧蹙的额头？

就在那寸草不生的山冈之间，
寒风呼啸，雨水如注，
然而，若是沉闷的暴风雨寒彻逼人，
会有亮光再度温暖人心。

古老的屋，光秃的树，
天上没有月亮，黄昏拱起了苍穹，
然而，究竟是什么那么若即若离
那么令人渴望？是家中的壁炉吗？

沉默的鸟栖息在石头上，
暗色的青苔蔓墙而下。
那棵凋萎的荆棘树，那排疯长的灌木丛，
我爱它们，深爱它们！

我沉思时，陋室，
怪异的火光渐渐熄灭了；

我从惨淡的阴郁中
穿过，来到晴朗无云的天空下。

一个寂静无人的小巷子，
不宽不窄地敞开着；
环绕它的是，一座又一座
冷漠、单调和黯淡的青山。

天空那么可爱，大地那么平静，
空气那么香甜，那么柔和，那么安静；
更增添了那梦幻般的魅力——
荒野四处羊在吃草。

那种情景，我太熟悉了；
我熟悉那草径的路向，
在一个又一个的土丘上蜿蜒，
留下了绵羊漫游的足迹。

我要是能在那里流连哪怕一个小时也好，
这是对一周辛苦的酬劳；
然而事实却驱逐了幻想力，
回报的只是限制和重负。

甚至当我满是喜悦的目光站着
深深专注于天赐之福时，

我的一小时休息时间飞逝而去，
又回到劳作、束缚和照料当中。

与此同时，夏洛蒂兴高采烈甚至神采飞扬地给她的朋友写信道："我觉得，我从来没有不快乐过。我目前的生活，比起我做家庭教师的生活来，是那么快乐，那么适宜。我一直很忙，时间过得也非常快。迄今为止，艾米莉和我身体都还不错，因而我们的学业能够进展顺利。有一个人我们还没提到，这个人就是夫人的丈夫埃热先生。他是一位修辞学教授。就心智而言，他是一个强人，但就性情而言，他又是一个暴躁易怒的人。他个头矮小，皮肤黝黑，其貌不扬，面部表情多变。他的表情有时像发疯的雄猫，有时又像发疯的鬣狗。偶尔——不过很少——他不再显示这些可怕的表情，而不时地装出这样一副神情，这种神情难得看到，就是人们所说的那种温和有礼。就在眼下，他对我非常恼火，因为他指责我的一篇笔译'错误太多'。他并未直接对我说，而是写在了我的书页空白处，用简明而严厉的措辞问，为何我的作文要好于我的译文，还说此事似乎让他百思不得其解。"

从这个身材矮小、皮肤黝黑、其貌不扬、动辄发怒的修辞学教授身上，读者将会认出一部女性小说中当之无愧的男主人公，那位可爱而古怪的不朽人物保罗·伊曼纽尔先生①。

夏洛蒂又说："他和艾米莉并没走得太近。艾米莉学习得很辛苦，难以应对各种困难，其难度远大于我曾遭遇到的困难的难度。"

艾米莉的确学习得很艰辛。她在那里学习，直到有了一定的收

---

① 保罗·伊曼纽尔：《维莱特》的主人公。

获,内心的呼唤促使她回到了霍沃思。她正是为了可爱的自由而去学习的。她开始学德语,这是几年之后她出于某种目的而喜爱的学习科目,因为霍夫曼的风格给这位《呼啸山庄》的作者留下了深刻印象。她努力学习音乐。半年后,这个起步艰难的女学生成了一位杰出而熟练的乐师。据说,她的演奏异常准确、生动,充满激情。此外,她也坚持不懈地学习法语语法和法国文学。

　　埃热先生认识到这样一个事实,对待勃朗特姐妹,他无须担心她们像一般女生那样不谙世事。她们是成熟的女性,智力超凡。他教她们时采用的方法是大学教授所采用的方法,而不是寄宿学校通常采用的方法。他会选一部法国名著、一段精彩的文字或肖像描写读给她们听,并简要地讲解它的特质,指出作者在理解或表达模式方面哪些地方夸张,哪些地方有误,哪些地方精彩。然后,他会让她们写一篇类似的东西,尽可能地以原作风格和作者选择的特别方法作为习作的范本,而不借助语法书或词典。在这方面,勃朗特姐妹对最杰出的法国文学大师的文学技巧了如指掌。这些课,对夏洛蒂来说,价值不可估量,这让她熟练地掌握了那种清晰准确的创作风格,从而使她最优秀的作品绝不会令人厌倦,也绝不会过时。然而这种模仿任何人的想法,尤其是模仿法国作家的想法让“始终将乡间、旷野、狂野和纠葛作为荒野之根”的艾米莉感到厌恶。当埃热先生对她们说明自己的计划时,“艾米莉抢先说,她从这个计划中看不出有丝毫益处;如果照此计划去做,她们的思想和表达的创新将丧失殆尽。她本想争论这个问题,只是由于埃热先生没有时间而作罢。而后夏洛蒂发言。尽管她对该计划是否能获得成功也有疑问,但她还是会听从埃热先生的建议,因为她是他的学生,必然对他唯命是从。”夏洛蒂很快就喜欢上了用这类文学练笔,不过艾米莉的《敬意》写得最好。唉,再也看不到夏洛蒂和埃热像盖斯凯尔夫人所描述的监护人那样一本正经和自以为是了;他们都表达了相同的看法,在天赋、想象力和语言能力方面,艾米莉优于她的姐姐。

这个精力充沛、寡言少语、沉思默想、衣不得体的年轻英国女性如此具有个性,这让所有认识她的人都从她身上看到了某种天赋,而这种天赋却是他们从她那位更善社交和更具热情的姐姐身上慢慢才看到的。埃热夫人,这位世故而冷淡的维莱特校监,坦率承认,这种超凡的自然之力让她极为反感。不过,艾米莉并无伙伴。据我们所知,唯一能勉强称为她朋友的人是一位叫玛丽的法国家庭女教师。这位家庭女教师“富有才情和创意,却独断专行,令人生厌。正是这种独断专行让她将全校师生视为仇人,只有艾米莉和我除外”。艾米莉似乎也是独断专行、令人不快的,就像一枝紫色的石南同明亮光滑的天竺葵和半边莲形成强烈反差。艾米莉生前的朋友在她去世后都赞扬她那种始终如一和毫不张扬的慷慨、乐于助人的友善精神、羞怯而忠实的情感。她是那么不合群,这让她的优点在其生前被人所忽视。

总有她能做的一桩事。对艾米莉来说,这桩事像呼吸那样自然,即毫不动摇的劳作。专注此事的好处就是能让她忘记自己的烦恼,忘记自己与陌生环境的格格不入。攻克每一门课都是她在漫长的回家路上迈出的一步。在那些日子里,她有许多地方可以劳作,不过她只能靠不足的食物来支撑自己的劳作。

寄宿生和校外生加在一起,埃热夫人的学校有一百多个学生。他们被分成三个班。勃朗特姐妹所在的二班有六十个学生。艾米莉和夏洛蒂挨着坐在最后一排,神情专注,少言寡语。起床后不久,寄宿生领取分量不多的早餐,也就是咖啡和蛋卷。

之后从上午 9 点到中午 12 点,她们上课。九位教师和七位教授为不同的班级授课。到了 12 点,她们吃午饭——面包和水果。午饭后,夏洛蒂和艾米莉弯进一条绿树成荫的巷子,她们总是走在一起。下午 1 点到 2 点,钩编织品。从下午 2 点到 4 点,还是上课。然后,吃正餐,这是一天之中最实实在在的一顿饭。从下午 5 点到 6 点是自由活动的时间,也是艾米莉沉思冥想的时间。6 点后是持续一个小时的可怕的诵经唱诗,这有悖于勃朗特家的新教精神。8 点,她们吃由蛋卷和水构成的晚饭。最后是晚祷和睡觉。

她们睡觉的地方是学校的一个长方形集体宿舍。虽然她们渴望一个单独的房间,但是她们的这种奢望难以被满足。不过,她们俩的床挨在一起,位于房间尽头,被白色的帷帐遮住。她们尽可能地小心翼翼,退避在这里。就在这里,经过一天的辛苦之后,她们进入梦乡。睡着了,就不再会有离乡背井之感了。

然而,艾米莉常常辗转难眠。那种总也挥之不去的痛苦、失眠和渴望又一次开始让她绷紧的心弦松弛下来。她"所忍受的那种痛苦和冲突,进一步为她的异端的英国精神同异国天主教体系的那种温和的耶稣会教义之间的巨大差异所强化。她的心绪似乎又低落起来,但是这次她变得坚强。她怀着懊悔和羞愧,回顾了先前的失败,决心去征服。但是,胜利却让她付出了昂贵代价。直到她怀揣艰难获得的知识回到那个遥远的英国小村,回到那栋古老的牧师住宅,回到那片荒凉的约克郡山丘,她才会感到快乐"。

然而,这还不算是快乐!好不容易才赢得的机会,在充分利用之前,决不放弃。她并非完全孤独,夏洛蒂也在那里。学业上的成功多少能够让她容忍自己在异国他乡的生活。她在掌握了足够的音乐知识后,便给更小的学生上音乐课。她和夏洛蒂在那个月里额外花了10法郎学习德语,对她们来说,德语学习非常艰难,让她们付出了许多。就在那个夏天,夏洛蒂写道:"艾米莉在法语、德语、音乐和绘画方面进步很快。埃热先生和夫人从她与众不同的外表下面看到了她性格中可贵的一面。"

她们是否要在 9 月回家尚不确定。埃热夫人建议她的这两个英国学生留校半年,不交钱,但也不付工资。她解雇了英语老师,由夏洛蒂取而代之,而艾米莉则教小学生音乐。这个建议不错,对两姐妹来说颇有裨益。

夏洛蒂说,她有意接受这个建议。"我在布鲁塞尔一直很快乐。"她极力表示。艾米莉虽然并不快乐,但还是接受了这份靠努力学习而换取的美差。要完全掌握法语、意大利和德语,再加上艾米莉自己想学的音乐和绘画,六个月的时间毕竟太短了。此外,她无法让夏洛蒂留在这里而自己回到霍沃思,也不能劝夏洛蒂拒绝埃热夫人的建议而毁了她的前程。因此,两姐妹都同意留在布鲁塞尔了。她们在那里无依无靠。夏洛蒂的好友,两位泰勒小姐,就在学校栅栏外的柯克莱城堡读书。读过《雪莉》的人看到这两位小姐马上就会联想到这部小说中的露西和杰茜。勃朗特姐妹常常同两位泰勒小姐及她们住在城里的表兄妹相会,几乎每周都不错过。不过,这种消遣对夏洛蒂来说是一种乐趣,而对艾米莉来说,则是一种徒增的烦恼。艾米莉会僵直地坐在那里,一言不发,心里渴望能去一个让她身心放松的地方。詹金斯太太也开始要她们同她一起过周日。但是,艾米莉对此不发一言。夏洛蒂虽然在同他人讲话时会激动，会滔滔不绝，但是在慢慢地了解对方之前，她绝不会贸然发表看法。她们太腼腆、太局促了。詹金斯太太邀请她们，满以为她们不会拒绝，结果发现，她们似乎并不想去她那里。夏洛蒂的确有不少朋友可以走访，如泰勒表姐妹家和住在市区的一位医生的家（这位医生的女儿是她的学生和朋友）。此外，她也可以去埃热夫人和她所敬佩的修辞学教授那里。然而，艾米莉的朋友却只有她的姐姐。

不管怎样，她们逗留的问题算是解决了。8月15日开始放长假。她们回约克郡要花不少钱，她们渴望工作挣钱。勃朗特姐妹在伊萨贝拉大街度过了她们的假期。除她们外，学校只有六七个寄宿生。她们的朋友都外出度假去了，可她们却不得不放弃假期，辛勤工作，留在白色的、扬尘的、灼热的、沉闷的布鲁塞尔，在埃热夫人的寄宿学校给少数几个学生上课。

枯燥乏味的六个星期总算过去了。到了10月，新学期开始，老生返校，新生报到，埃热先生比平时更加兴致勃勃，指手画脚，发号施令，而埃热夫人依然在那里静静地忙碌着。空荡荡的教室里一下子充满了生机和青春。她们的朋友玛莎·泰勒在柯克莱堡城堡突然去世了，这让勃朗特姐妹格外难过，然而，现在她们在与同龄女子相处时能够感到自然放松了。此后，根据埃热先生的指令，夏洛蒂——"夏洛蒂小姐"则成为新的英语教师，而艾米莉成为音乐助教。但是，10月中旬，刚开始工作时，突然收到来信让她们返回霍沃思。布兰威尔小姐病危。对这两姐妹来说，布兰威尔小姐可说是恩重如山；只要她需要，她们会立刻应召而去。于是，两姐妹立即决定动身回家。她们违背了对埃热先生和夫人的允诺，但是埃热先生和夫人非常宽容，支持她们的安排，同意她们先处理自己的家事之后再履行她们的教职。她们急忙收拾行李，准备启程，打算经安特卫普到伦敦。就在最后一刻，当行李箱装好之际，邮差一大早赶来，带来了从霍沃思来的另一封信。她们的姨妈去世了。

这样一来，她们更需要赶回家。二十年来，她们的姨妈一直陪伴父亲，为他操持家务，晚上给他阅读，同他平等讨论，如今没有了姨妈，父亲将会变得孤独而痛苦。从今往后，必须有一个女儿陪他。安妮正处于最佳的学习状态，难道要她放弃？还有那所学校——伯灵顿的那所学校怎么办？有太多的事情需要商议和考虑。她们必须尽快赶回家。她们知道最糟糕的结果——她们的未来会因此变样，机会会在她们眼前消失掉——可她们还是踏上了沉闷的旅程，不知道她们是否或何时能够回来。

第八章　追溯

Chapter Ⅷ　A Retrospect

出身贫寒、才华横溢、喜怒无常、沉郁不乐、动辄激动、令人生怜的勃朗特！没有历史记载你所经历的诸多奋斗，就是为了获得优秀品质——你的才智、卓越、吸引力和对令人兴奋之事的渴望——这一切品质让你成为"良伴"，也过早地将你拖入坟墓。

　　弗朗西斯·H.格兰迪先生突然说出这样的话，怀念他早年的好伙伴，那个半疯半醒的可怜家伙布兰威尔。布兰威尔年仅二十二岁，聪明机灵，但却沾染了鸦片和白兰地。他从布拉德福特回来后，鸦片烟摧残着他的神经系统。他在霍沃思闲逛。最后，和他一样固执倔强的父亲，看到这样一个明显的事实：这种无所事事的日子一天天地将他唯一的儿子拖入绝望和毁灭的深渊。最后，他利用自己的影响为布兰威尔这个鲁莽、爱幻想、病态的小伙子在铁路沿线的一个小地方找到了一份火车站站长的差事。这个车站名叫鲁登登福特，位于兰卡夏郡到约克郡的铁路线上。夏洛蒂和艾米莉去布鲁塞尔前，他就已去那里数月了。格兰迪先生正是在那里见到了他。他是一个不寻常的车站站长。

　　"为这个奇怪的家伙找份工作，结果很明显，就是驱使他一步一步地往更坏的方向走去。事实的确如此。那条铁路线刚刚开通，车站就是一个粗制滥造的棚屋，附近没有村庄。独自一人身处约克郡的荒野之中,手头只有寥寥几本书,无所事事,前景渺茫,收入微薄,然而有许多狂野、喧闹、头脑顽固、没受过教育的厂商欢迎他去他们家做客,每当他去他们家时,他们常常拉着他一起喝酒。这个无法忍受孤独的病态之人要做什么呢?"

总而言之,布兰威尔所做的事,对他来说,再容易轻松不过了。当他不和人喝酒就伤心难过时,他便会不加节制地自饮自酌。他让行李搬运工留在车站做行车记账,而自己则外出几天同朋友们喧闹喝酒。当时,格兰迪先生在哈利法克斯当工程师,偶然遇到了这个可怜的半疯半癫、孤独无助的布兰威尔。情况暂时有了好转。

酗酒和放荡让这个长着红褐色头发、爱说爱笑、英俊可爱的霍沃思小伙子变得丑陋起来。下面的描述就是当时他出现在这位朋友面前的样子:

> 他相当矮小——这也许是他生活历练的结果之一。他长着浓密的红发,经梳理,高翘在额头上——这有助于增加他的身高。我想,他的额头很大,凹凸不平,颇显智慧,不过额头将近占了他整张脸的一半。他的双眼小似雪貂眼,深邃沉郁,隐蔽在那副从不摘下的眼镜后面。他的鼻子突出,但缺乏特点。除了间隔许久才快速一瞥外,他的目光总是朝下。这是一个瘦小的人,初看并无吸引人之处。

然而,就是这个看起来眼睛深陷、微不足道的人,对听他讲话的那些人来说却有着某种魅力。他的话题并不涉及道德、文化和哲学，因为这些话题对他来说太冷门或太深奥，就凭他那种不靠谱的极度虚荣心，也无法在瞬间把握它们。他会一口气说上几个小时，滔滔不绝，令人信服，几乎可以说是雅而不俗；欢谈之后，他会陪他的话友一起到最近的酒吧喝酒。

> 我们时常驾着双轮马车去霍沃思（路途长达十二英里）看他的家人。在霍沃思，他状态极佳，有说有笑，不过当他回到霍沃思时，有时也会突然哭起来，发誓要改邪归正。不管怎样，我相信，他处在半疯狂的状态，控制不了自己。

他那些好心的朋友也是这么认为的。他疯了。如果一个人挥之不去的那种病态的恐惧和幻想是由毒品所造成的，如果一个人的意志为不良习惯所支配，如果一个人的体质易于神经错乱并为早期的放纵行为所毁，如果察觉不到的日常压力迫使他去做他讨厌的事，迫使他成为他所害怕的人，如果一个人的内心可以扭曲到近乎疯狂的地步，那么这个运气不佳、毫无价值的孩子真的是疯了。

回家，对他来说，想必是一种伤害。那些对他宽宏大量并寄予厚望的人会真诚地欢迎他的归来，并不期望他对他们的宽容态度感恩戴德。他要同那位拘谨呆板的可爱的老太太聊天。这位老太太每天忘我地为他节省遗产。他要看虔诚而温柔的安妮进入那个她从未进入过的、抗拒罪孽的梦想世界。最糟糕的是，还要见他那位令人尊敬、保养不错的父亲。他的父亲为自己教区的成功感到荣耀。他那种不为诱惑所侵扰的坚定意志，让自己安于现状,别无奢求,但是他的性情却同他那个充满病态激情的儿子的性情如出一辙。

因此,他会为回家而哭,为自己的堕落而哭,或许更真诚地为自己难得悔悟而哭。漫漫长夜,在孤独的地方,他独自一人沉思。这让他害怕后悔,害怕上帝,害怕自己,害怕夜晚,害怕一切。他会借酒浇愁。

他有时也突发另一种骄傲。"他为自己的姓氏、自己的力量和自己的能力感到自豪。"他为自己的姓氏感到自豪!他为这个姓氏作了一首诗,《勃朗特》,这是一首致纳尔逊的挽歌,这首诗赢得了利·亨特·马蒂诺小姐和其他人的赞许。应他的要求,他将这首诗提交给他们。他听说过他在阿哈德格有十几个姓普伦蒂的姑姑、叔叔和大爷吗?若没听说过,那么当那位霍沃思牧师在听了这首夸耀和赞颂他好运古老姓氏的诗歌之后会有怎样的激动反应?

布兰威尔也有激情冲动的时候,会做出同他父亲如出一辙的怪异行为。"我曾看到他握紧拳头猛击门板,似乎是想借此缓解自己的情绪。"他天性的粗野一面表露无遗,为他赢得了一点尊敬,而在那个抛弃他的社会里,他并未因聪明而受到尊重。有一段时间,格兰迪先生的友谊有助于他摆脱完全的自暴自弃。只是在此期间,毁灭降临了。他播下的恶种,如今收获了恶果。

他离开车站太久了,在朋友家狂吃豪饮,结果住在鲁登登福特车站的那个人却有了可乘之机。行李搬运工留在车站记账。他效法站长,在雇主获得收益之前,自己先设法捞点好处。他想必借布兰威尔的违规行为捞了一笔钱。霍沃思牧师的儿子被任命为车站站长几个月后,在例行查账时,被发现了严重的盗用公款的行为。调查发现了布兰威尔管理车站的特殊方法。这个年轻人倒没有被怀疑有什么偷盗行为,但他一而再再则三的玩忽职守却格外引人注目。再做站长绝对不可能了。他很快便被解雇,蒙着污名被送回了霍沃思。

他回家了,不仅抬不起头来见人,而且还得病了。他的体格从未强壮过,现在又因他的自我放纵,身体垮掉了,精神状态不佳。肺痨过早地夺取了勃朗特家更具才华、更有原则的女孩们的生命,然而,奇怪的是,如今这个年轻人因其生活萎靡也患上了肺痨,但是却没有死于肺痨。他母亲的性情和疾病只遗传给了他的姐妹。布兰威尔继承了父亲的狂暴脾性、强烈激情和神经质,却没有继承父亲那种与众不同的坚强意志和严谨道德。或许,这个富有才气但懦弱、浅薄和自私的年轻人更准确地再现了早期普伦蒂家族的某些特征。帕特里克·布兰威尔显然更像一个爱尔兰人,仿佛他的童年就是在阿哈德格的祖父家度过的。

他回家后发现所有姐妹都不在。安妮在做家庭教师,艾米莉和夏洛蒂在伊萨贝拉大街。因此没有人过问他的不良习惯,也没有人去救助那个干净利落的老太太。姨妈的身体日益衰弱,几乎总是待在自己的房间,不愿去楼下。父亲并不关心姨妈,他独自一人吃饭,担心消化不良,觉得有必要在绝对的安静中打发余下的时间。因此,布兰威尔几乎整天都处于无人过问和监管的状态。

平心而论,布兰威尔到一个新地方后似乎也的确做出了许多努力,给他的朋友格兰迪,也许也给其他人写信,想由此找工作。但是他的过失太出格,难以被宽恕和原谅。格兰迪先生好像劝过这个倒霉的年轻人去教会躲避一段时间。在教会里,他父亲的影响力和他母亲家的人兴许会有助于他的进步。然而,正如布兰威尔所说,他并无资格去教会,"拯救,或许就是虚伪"。这位教区牧师的儿子对教会并无敬意。一位牧师应该拥有的精力、自我否定和忍耐力,毫无疑问,在布兰威尔身上并未得到体现。此外,蒙哥马利推荐他去大学试一下读文学,可他怎么可能拿到学位?"一切听起来都还不错,但是我并不看好我自己,也无付诸行动的动力。你说,你是带着感情写的,就像你最后带着感情离开我。不要再保留它们了。我相信,我是有点变了,或者说,我并不值得大家惦记。虽然我无法获得你那种昂扬的精神,并成为一个承载这种精神的人,不过我或许可以通过模仿在服饰和外貌方面像一般正派人那样。那么来年我到底会去哪里呢?我真希望去格陵兰的雪地或非洲的沙漠。1842 年 6 月 9 日。"

以布兰威尔的信件和诗歌来看,正是由于听从了詹姆斯·蒙哥马利的劝告,布兰威尔才获得了比待在他父亲的"林中小屋"更好的经历。这种判定值得商榷。不紧不慢地消闲,不时侃大山,时而来上一句妙语,时而念几句传统的赞美诗,讲几句布道话,这样的表现和表达是如此无力,如此平凡。这就是霍沃思的那位激情满怀的伪天才留给人的印象。真正的天才也许很少有这样乐于炫耀的性情。

可怜的布伦威尔!真的需要比他更强大的力量来遏止他朝毁灭迈出的第一步。他控制不了自己,找不到人帮助他。于是,他再次求助格兰迪先生(他写了一封信,根据确切的证据,这封信所写的是当时的事情,但是印在信头上的年份却有出入,肯定有误):

尊敬的先生：

当独自一人坐在这里的时候，我无法摆脱通过给你草草写几句诗来提神的诱惑。家人都去了教会。我现在是偏僻的山丘上一栋古老牧师住宅的唯一居住者。住在这里直到我进入坟墓也不可能听到发动机的喧闹声。

回家后，我经历了前所未有的痛苦、疾病折磨和精神沮丧。现在我身体又强壮起来了，精神状态也好了许多。我相信，比起你以前所知道的那个叫布兰威尔的可怜家伙，我现在的状况可要好得多。现在我不用六杯威士忌的刺激也能谈笑风生，与别人快乐相处了。我能够写作和思考，行动也显然果决起来了。我只想尽力而为，让自己比过去几年更快乐。我觉得，虽然我已从几乎精神错乱的状态中恢复过来，但是仍然反应迟钝，因为在这里只能听到风穿过老旧的烟囱和白蜡树丛时的悲鸣，只能看到石南丛生的山丘；走过它们，生活便拥有了所希望的一切，完全没有了遗憾。在这里，只能同已化为尘土五千年的性情暴躁的古希腊人和古罗马人交谈。相比之下，这种安静的生活让我感到自己在鲁登登福特度过的那一年仿佛就是一场噩梦。我宁愿接受某人的求婚，也不愿再经历那种令人羞惭的疏忽和毫无益处的纵情酒色，全然不顾地狱之苦执意追求灵与肉的分离。这就是我当时在那里的行为。在所有我喜爱的人看来，我迷失了自己，从情感放纵中寻求慰藉，这正是我性格中的污点。

不管怎样,我改掉了某些不良习惯,这对我来说是有好处的。我不该孤独太久,因为这个世界很快就会忘掉那些同它告别的人。静处的确是一种疗救良药,但是病人康复后无须再继续用药了。因此,我想向你索求回答,尽管我耻于这么做。

请原谅我对你的烦扰,我没有资格要求你的恩惠。对于你的帮助,除了感激和感谢外,我无以回报。你真的值得我感激。请代我向斯蒂芬森先生致意。倘若你能回复我寥寥数语来表明你并未完全忘记我,这将会带给我莫大的快乐。

布兰威尔

唉,没有哪只援助之手能从渐渐吞噬他的纵情声色的流沙中救出这个正在沉沦的不幸之人!不过,要是此时他能避开邪恶,或许还有希望。他无法自救。他渴望行动的意愿不得不延迟几个月,因为10月25日他仍在霍沃思。而后他又写信给格兰迪先生。这封信把我们带到了一个快乐的上午,当时夏洛蒂和艾米莉已踏上回乡的旅程。这封信诉说了在霍沃思那栋老旧的灰色的牧师住宅里,布兰威尔是如何经历了真正无端的痛苦和无所事事的悲惨境遇。他那个干净利落的好姨妈,一个老处女,二十年来,对她这个情感洋溢的侄儿可说是倾注了全部心血,如今生命垂危,等到和看到的却是梦想的破灭。软心肠的布兰威尔那时想必头脑是清醒的。

他写信给格兰迪先生,语气真诚而坚毅:

尊敬的先生：

不要误解。我有很长一段时间在照看病危的惠特曼牧师，他是我最好的朋友之一。眼下，我在照料病危的姨妈。在过去的二十年中，她一直像母亲那样照料我。我想，再过几个小时，她就会死去。

由于我的姐妹不在家，我有太多的事要考虑。这些可以是我辩解的理由，说明我从未想过要忽略你和我之间的友谊。

我不仅要写信给你，而且也打算写信给詹姆斯·马蒂诺牧师，真诚地接受他最善意和真诚的批评——至少是劝告，并表示感谢，不过对于赞扬则表示有愧。不过，恐怕得先经过一场令人难过的告别仪式。请转致我对斯蒂芬森先生的诚挚问候。请原谅我字迹潦草。我的眼睛因悲伤而变得模糊，这影响了视力。请相信我——你的郁郁寡欢但知道感恩的朋友和仆人。

P.布兰威尔·勃朗特

然而，三天后，总算有了结局。那时，安妮回家照看她的姨妈。姨妈从小宠爱她，总是不让她离开自己。安妮一直快乐地同布兰威尔小姐生活在一起。尽管安妮有时精神沮丧，但是她并不怨恨姨妈那种偶尔的压制和专横，对此夏洛蒂会反抗，而艾米莉则会保持沉默。最后，她在这个陌生而讨厌的乡村为了这些孩子所做的二十年的自我奉献精神大放异彩，这也让她更加钟爱这些不得不失去她的孩子们。

10月29日，布兰威尔又写信给他的朋友：

尊敬的先生：

　　我并不想失去一位真正的朋友，所以在写给你的信中我采用了祈免的语气。死神的光临让我忽略了你的恩惠。如何待他，近来我已有了太多的经验，因此你姐姐现在不会为我沉湎于对现世和来世的悲观看法而指责我。虽然我的看法缺乏逻辑，但是我已有两夜没合眼，见证了这样的痛苦折磨。我不希望对我最不利的仇人继续对我容忍下去。对一切与我孩提时代相关的幸福时光，我已失去了自豪感，也失去了对它们的操控能力。自上次在我们霍沃思相见后，我就一直遭受着这样的痛苦，以至于我现在并不介意我是在印度打仗，还是……心情如此沮丧，挑战危险便是最有效的疗法。

——布兰威尔

　　布兰威尔小姐去世了。一切都结束了。她是在夏洛蒂和艾米莉日夜兼程回到霍沃思前的一个星期二的上午安葬的。到家时，她们看到勃朗特先生和安妮坐在一起，为这个他们已习惯于其存在的女人的离世而默默哀悼。布兰威尔不在家。自遭解雇后，他还是第一次要见到他的姐妹。他无法等在家里欢迎她们。

　　布兰威尔小姐的遗嘱被公布了。她省吃俭用攒下的少许财产都留给了她的三个外甥女。布兰威尔曾经是她的心头宝贝，是唯一用她的名字命名的孩子。然而他所干的丑事深深地伤害了她，她在遗嘱中根本就没有提及他。

第九章　回忆

Chapter IX　The Recall

突然回想起了曾经有过的责任，也想到了她们的前程有可能由此断送，三姐妹于是又相聚在霍沃思。现在她们要在伯灵顿办一个学校，这没什么问题。若不能在那里办，那么也可以改在霍沃思办。果真如此的话，父亲便可以同她们住在一起了。布兰威尔小姐留给她们的财产足够用来对这栋房子进行必要的改造。她们所面临的问题是，她们到底是立刻开始对房屋进行改造，还是先确保她们自己受高等教育？

　　无论如何，必须有一个人待在家里替勃朗特先生操持家务。艾米莉立即自告奋勇地表示她愿意留下来。她的建议受到所有人的欢迎。她是最有经验的管家了。安妮的情况并不急迫，她可以在圣诞节结束后继续她的学业。夏洛蒂则迫不及待地想回到布鲁塞尔。

　　这种安排无疑对她们的学业大有裨益，现在她们怀揣的梦想很可能得以实现。姑娘们应该能够教德语，至少其中的一位能够流畅地讲法语。夏洛蒂和艾米莉离开布鲁塞尔时，埃热先生曾写信给勃朗特先生说，倘若她们能够在布鲁塞尔再待上一年，她们的优势将会变得更加稳固而持久。"再过一年后，"他说，"你的每一个女儿都将是有用之才；她们在听课的同时，也在讲授科学。艾米莉女士一直在学钢琴，教她钢琴的是布鲁塞尔最好的钢琴老师。艾米莉已经有自己的小学生了。因此，她不再是一个懵懂无知的人,也不再是一个羞怯的人,尽管有时仍然会让人难堪。夏洛蒂女士开始教法语课,正在获得作为教师所需要的那种自信和沉着。最多再需要一年的时间,她们便能完成工作,而且完成得很好。"

我们知道,艾米莉拒绝了诱人的工作机会。她又一次留在了霍沃思,并未因好机会的诱惑而背弃她家乡的荒野。另一方面,这样的安排对夏洛蒂再好不过了。她的天性是充满热情、感激和多愁善感。对她而言,突然放弃她在伊萨贝拉那幢古宅中忙碌而宁静的生活让她深感痛苦。她几乎是在不知不觉中同那个地方结下了紧密的友谊。的确,玛丽·泰勒早已离开了她;在新教的墓地里,活泼而迷人的玛莎躺在那里睡得那么沉,再也听不见她的声音。然而,生活在信仰异教的、遥远的异国他乡布鲁塞尔,总是易于让这个直率、朴实、矮小的约克郡女人回想往事。她只能聆听。那位脸色黝黑、心地善良而性情急躁的教授让她敬重,像她这样的知识女性常常渴望同比她们年长许多的男人建立友谊。那位医生的家人,贝克夫人,甚至那些比利时的女同学,她都想再见到她们。她或许没有意识到,没有艾米莉,布鲁塞尔似乎会变得相当不同。她懂德语,这对学校的教育肯定有利。由于这样或那样的原因,夏洛蒂决定放弃一份在英国的年薪 50 英镑的工作,而接受在布鲁塞尔的年薪仅 16 英镑的工作。

因此,情况很明确了,到圣诞节假期结束时,三姐妹又要分手了。不过,毕竟她们在此之前已相聚近三个月了。

布兰威尔待在家里。不过待在霍沃思是一种快乐,而不是一种负担。他的姐妹并没有看到他最难堪时的情形。他那种强烈的悔恨让她们对他有了信心。她们依然对他的未来充满希望,依然会说，男人不同于女人，如此强烈的激情暗含着一种天性，如果引导得对，那么这种激情就会用到正道上。她们并未感觉到他的道德感不堪一击，也没意识到她们在试图扶持这个懦弱的兄弟，然而他却不断地往下滑去。她们无法让他站直了。她们对他又恨又爱，因为她们无论如何也没想到，她们错把这样一个可怜人当成了天才。

因此，当最初的打击结束时，全家人的心也就安定了下来。老姨妈，宛如一片秋叶，轻轻地，自然地离家而去，结束了她那漫长的管家生涯。尽管她们爱她，为她的去世而悲伤，但她的离世却让她们变得更加自由自在了。现在她们想做什么就做什么，想说什么就说什么。她们就是自己家的女主人。圣诞节她们过得很快乐，尽管她们心里仍有负担。姐妹们分别太久了，有很多见闻要分享，有许多计划要制订。她们故地重游，去了荒野中以前常常流连忘返的地方。眼下荒野被雪覆盖，白茫茫一片。她们步行去基思利的图书馆，借阅那些她们离家期间新增的书。艾伦来霍沃思了。1843 年 1 月底，安妮回去继续她的工作，夏洛蒂则独自一人去了布鲁塞尔。

艾米莉同布兰威尔一起留在家中，不过并没有多长时间。想必在这期间，这个背运的年轻人在安妮当家庭教师的那个家里得到了一个辅导教师的职位。同安妮在一起似乎是一桩非常幸运的事。这个家庭属望族，社会地位高，很有名望，受人尊敬。姐妹们有理由相信，在安妮温情的影响下，在这样好的环境中，她们的兄弟会走正道的。

此后，在这栋灰色的房子里，除了离群索居的父亲和年过七旬的塔比外，只剩下艾米莉一人了。她并没有不开心。没有哪一种生活能够比她自己的生活更自由自在了。她承担了大多数的家务活。早晨她总是第一个起床，在年迈体弱的塔比下来之前，她就已经把一天中最难的活全都做了。心地善良、为他人着想是这个孤僻而顽强的姑娘天性中的一部分。她熨烫衣服和做饭。她制作的面包松软可口，在霍沃思颇有名气。揉面时，她会不时地瞧一下竖在面前的打开的书。她是在学习德语。

　　不过，她并不总是从书本上学东西。那些同她一起在厨房里忙活的人，那些在她忙不过来时叫来帮忙的女孩子都还记得，她身边总是放着一片纸和一支笔，有时她会突然停下做饭或熨衣服，匆匆记下一闪而过的想法，然后继续她手中的活。有人对我说，对这些女孩子们，她总是友好相待——"很开心，有时就像一个男孩子那样快活"，"那么和善，有那么点男子气"；但是对陌生人，她却非常羞怯。要是送肉的孩子或送面包的人来到厨房门口，她就会像鸟一样离开，溜进过道和会客厅，直至她听到他们沉重的鞋钉声音消失在户外的路上。这只鸟还真是难得一见。或许这正是霍沃思人觉得她比安妮和夏洛蒂更具气势的原因，至于安妮和夏洛蒂，任何一个礼拜人们都能在学校看到她们。他们说："不少乡亲认为她是勃朗特姐妹中最聪明的一个。她是那么羞怯，即使她有意克服也做不到。"

　　说到娱乐，她有宠物和花园。她总是亲自喂那些动物：那只老猫、安妮宠爱的猎犬弗劳斯和始终陪伴她的那只凶恶的斗牛犬奇泼。她妙笔生花，为这只斗牛犬所画的画像至今尚存。荒原上所有的动物，从某种意义上讲，都是她的宠物。它们熟悉她。这个沉静的女人对不会说话的动物投入的情感有着某种难以言说的感伤和疯狂的意味。一位浅陋之人曾对盖斯凯尔夫人匆匆下结论:"她对人类从未表现出尊重之意。她把全部的爱都留给了动物。"对处于穷困和危难之中的一切生命表现出尊敬、帮助和执着的友谊是艾米莉·勃朗特的特性。可是她的天性同她那只可爱、忠实而凶暴的奇泼的天性之间,同荒野上那些飞禽、被囚禁而死的知更鸟、急速飞奔的野兔、像浮云飞掠并预示暴风雨到来的海鸥的天性之间,存在着一种天然相似性。

那些静静生长的花儿也是她的朋友。那个小花园迎着四面八方的风,这些风掠过里斯荒野和思迪灵沃斯荒野,一直吹到霍沃思街的最高处。为花园抵御风暴的是栏杆外的墓碑、低矮的荆棘和红醋栗灌木丛。而花园则成了许多芬芳而强壮的花卉的家园。这些花在房屋下蔓延,靠近了灌木丛。照看家,照看花园,照看她那些不会说话的动物,这让艾米莉感到日子过得飞快。晚上,她坐在炉边的地毯上,一只胳膊搂着奇泼的褐色脖子,另一只手则拿着一本书研读,因为学习很重要。姐妹们希望,到下一个圣诞节,她们能够一起将办学的夙愿付诸实践。艾米莉收到了来自布鲁塞尔的信,信中表明夏洛蒂有些烦恼和激动,有着一种说不清道不明的骚动不安。要是在家那会儿,她的写作能力能在自己经历了那么多痛苦后有所提高的话,她会更开心的。这种代价不菲的写作技能是用爱、痛苦、孤独之惧和遭受挫败的激情铸就的;不过,当时没有人料想到,这种可怕的焰火燃烧的最后结果是一部叫《维莱特》的小说,而不是这位教师在国外习得的德语和流利的法语。

当时,艾米莉——"我那漂亮的爱人",就像夏洛蒂过去常常称呼她的那样——对于她这位亲爱的姐姐是不是开心还无法确定。随着时间的推移,安妮来的信也开始带来令人不安的消息。

这倒不是安妮的健康出了问题,而是像以前那样,是布兰威尔的行为让姐妹们感到伤心。他变得很古怪,今天精神极度亢奋,第二天则变得忧郁绝望;他时而让自己变得神秘莫测,时而又对自己的状况深为不满;时而怪罪,时而又悔恨和沮丧。安妮无法理解他为何而烦恼,不过却担心他会变得邪恶。

此外,在家里,麻烦也越来越多。年迈的塔比病得很重,做不了任何事情。那个叫汉娜的女孩离开了。艾米莉承担了全部的责任来投资布兰威尔小姐死后留给三姐妹的那一小部分财产。还有更糟糕的是,勃朗特先生上了年纪,身体机能开始衰退,视力锐减。最糟糕的是,也是艾米莉所担心的,这个老头染上了饮酒的习惯,尽管尚未饮酒过度,但她已改变了他过去不沾酒的习惯。毫无疑问,布兰威尔不断地出现在她的思绪之中,这加重了她的担心。在霍沃思,艾米莉越来越担心,也越来越孤独。她是一个有责任心的女人,深知自己不足以像她姐姐那样控制这样的局面。她的疑虑在加重,最后无法承受,于是决定写信给夏洛蒂。

1844 年 1 月 2 日,夏洛蒂回到了霍沃思。

1 月 23 日,夏洛蒂给她的朋友写信:

> 每个人都对我说,我现在要做的就是回家。每一个人都期望我立即开始办学校。说真的,这正是我所愿。我渴望办学胜于一切。我有足够的钱做这件事。现在我希望有足够的资历让自己获得一个公平的成功机会。不过,眼下我还不能着手这桩事——尽管这个目标我触手可及,尽管我已为达成这一目标努力了很久。你会问我为了什么。这主要是为了爸爸。如你所知,他现在老

了。我难过地告诉你，他正在丧失视力。几个月来，我一直觉得我不该离开他。现在我觉得，为了追求自己的私利而离开他也太自私了（至少在布兰威尔和安妮不在他身边的时候）。上帝保佑，在这件事上，我要努力否定自己，我要等待。

我在离开布鲁塞尔之前经历了很多事。我想，无论我能活多久，我都不会忘记同埃热先生分别让我付出了什么。这事让我很苦恼，也让他感到苦恼。他是一位真诚、善良而冷漠的朋友。……霍沃思仿佛是一个非常孤寂，被这个世界所埋葬的地方。的确，我觉得自己不再年轻了，很快我就28岁了，似乎我应该像其他人那样工作，并勇敢地面对这个世界上的严酷现实……

等待和期盼中的夏洛蒂，你已做足了准备，能够坦然面对严酷的现实，也能在这个偏僻的霍沃思工作并显示出勇气，无须前去寻求危险和考验。在你那山丘之上的家宅周围越来越弥漫着阴郁的气氛。它高高在上，寂静而偏僻。天地间的暴风雨已经盯上了它，要摧毁它。

第十章　招生广告

Chapter X　The Prospectuses

夏洛蒂最初的沮丧情绪渐渐地消失了。她同艾米莉在荒野上散步,花了不少时间讨论和思考更有效的方式和手段。她们在客厅中一边为布兰威尔缝制衬衣,一边思考并提出新的想法。此外,夏洛蒂还在她的朋友艾伦那里住了一段时间。环境的改变有助于恢复她那羸弱的身体。她写信给她的朋友:

　　亲爱的耐尔:
　　　　我已经安全到家了。到霍沃思时并未感到太疲劳。今天我感到比以前好多了,希望能及时重获更多的力量。我看到艾米莉和爸爸状态都不错。布兰威尔来信说,他和安妮也很好。艾米莉对你寄种子来深表谢意。她希望知道西西里豌豆和红矢车菊是花还是别的什么植物,它们是否很娇嫩,是否应该种在温暖和遮阳的地方。明天写信给我吧,让我知道你们过得怎么样,你的母亲是否一天天好起来……
　　　　早安,亲爱的耐尔,我暂时说到这里吧。
　　　　　　　　　　　　　　　　　　　　　夏·勃朗特
　　　　　　　　　　　　　　　　　　　　　3 月 25 日

　　我们那只可怜的小猫病了两天,刚刚死掉。看到一只动物躺在那里，断了气，真让人生怜。艾米莉感到惋惜。

星期一上午

她们一起小心翼翼地推进办学计划。最后，两姐妹决定只要看到招生的好机会就立即开始付诸行动。她们开始认真地调研。幸好在确定至少能招到三四个学生之前，她们推迟了对房子的必要改装。后来，她们的要求一天比一天降低，招生变得更加困难和不确定。夏初，夏洛蒂写道："只要我有机会招到哪怕一个学生，我就会印校历卡，开始装修房子。我多么希望冬天到来之前将这一切都敲定。我想把学生的寄宿费和英语教学费定为每年25英镑。"

仍然没有学生问津。不过，勃朗特姐妹并不气馁，她们写信给她们认识的那些女孩们的母亲。唉！一位母亲已经把孩子送到利物浦的一所学校读书了；另一位母亲已答应将孩子送到 C 小姐那里读书；还有一位母亲认为，她们办学值得肯定，只是霍沃思这个地方太远了。勃朗特姐妹费尽口舌，解释说幽僻的环境是一个优势；要是她们在热闹的地方办学校，那么她们就得付房租，就不可能提供每年仅25英镑的优质教育。这些父母都是她们所期望打动的对象。每一位女士都承诺将她们的学校推荐给那些思想较为开明、生活较为清闲的母亲，让她们知道，要是能把机会给予勃朗特姐妹，那么勃朗特姐妹将会证明她们是值得被给予这样的机会的。夏洛蒂和艾米莉满怀信心，充满希望。

假期到了，事情毫无进展。安妮回家了，帮忙策划和写信。唉，布兰威尔也回家了，这家伙要么脾气暴躁、生活奢侈、举止粗野,要么神情阴郁、情绪消沉。他的姐妹们无法再回避这个事实:他不停地喝酒,通常都会喝得酩酊大醉。安妮产生了某种模糊、可怕和不祥的担心,但又难以完全说清楚。

这时,她们把收费提高到 35 英镑,这也许考虑到她们最初提出的收费太低了,以至于人们怀疑她们的意图这一情况。尽管如此,她们仍然没有获得积极的回应。她们遭遇了困难,因为她们并未为自己将要从事的职业谨慎地核算过时间、费用和困难。她们到处寻找女教师,虽然见了许多,但那些女教师的条件大都不尽如人意,无法引起勃朗特姐妹的兴趣。

其间,布兰威尔尽可能地自娱自乐。他总是光顾"黑牛客栈",同一伙与他习性相近的酒友和一些喜欢他那种谦恭的鞠躬和动人微笑的姑娘们混在一起。好人很难想象到他们的恶习和痛苦的程度,反而因宽容而更加纵容了他们。格兰迪先生偶尔也来看他的老朋友。"我认识他们全家人,"他说,"父亲满头白发,身材高大,英俊潇洒,为人正直诚实,待人彬彬有礼。当他知道我是他儿子的朋友时,他便以绅士的方式待我,亲自光临小旅馆邀请我这样一个男孩到他家里做客。在他家里,我感到非常不自在。后来我同布兰威尔一起逃离那里,来到荒野。女儿们态度冷淡,心不在焉;她们的鼻子较大,身材矮小,头发棕红,戴着大眼镜,看起来智力不凡,但是目光常常朝下,少言寡语,不善交际。这大概是她们初次尝试文学写作的时间,即 1843 年或 1844 年。"

不过,尝试文学写作之事目前还顾不上。她们把心思放在了办学上。直到最后也没有学生出现。校历卡印了一些,散发给夏洛蒂和安妮的朋友。艾米莉没有朋友。

校历卡都散发出去了,一张也没剩下。那些可怜的校历卡根本就没有得到回应,她们的希望落空了。它们就像那从未降生于世的孩子的灵魂一样消失得无影无踪。消失更快的是她们心里所怀揣的那个梦想。又过了几周。每周七个没有信件的早晨,每周七个渴望的夜晚,让姐妹们清楚地意识到,布兰威尔的家不该成为天真孩子的居所。

安妮又回去工作了,其未来就像以前那样不确定。

10月,总是作为勃朗特姐妹代言人的夏洛蒂又写信给热心帮助此事的朋友:

> 亲爱的耐尔:
>
> 　　我、艾米莉和安妮真的感激你为我们付出的努力。要是你没获得成功,那么你也只能这样了。所有的人都希望我们好,但是没有学生听信我们。不管怎样,目前我们不想为此事伤心,也很少为我们的失败感到屈辱。无论结果如何,这种努力总是有益的,因为我们从中获得了经验,也对这个世界有了更多的了解。
>
> 　　我再寄给你两份招生简章。当我再写信给你时,再附寄两三份简章给你。

这几份招生简章仍然如石沉大海。从三姐妹开始兴致勃勃地招生到现在已有六个多月了。从她们将这个小学校的筹建作为她们努力的主要目标到现在已经三年多了。哪怕一个学生她们也未能招到,也没有一个学生给过来她们学校上学的承诺。最后,她们知道,她们的努力失败了。

11月,夏洛蒂又写信给艾伦:

我们还没装修我们的房子。招不到学生时就修整房子,这么做是愚蠢的。我担心你因我们而给自己增添了太多的麻烦。

毫无疑问,要是你劝说一个母亲带她的孩子到霍沃思来,那么这个地方的状况会吓跑她的,大概她会马上带自己可爱的女儿回家。我们很高兴我们尝试过了。我们不会因失败而一蹶不振的。

无须赘言,她们只是想小心翼翼地将此事暂时搁置一边,就像一个人将他的婚事和几个月来的全部梦想暂时搁置一旁那样;就像一个人将为一个已流掉的胎儿做的衣裳搁置一旁,只想把为建筑商拟定的计划、印好的卡片和待购的图书目录搁置一旁,放进抽屉里;只是想再次面对在陌生人中各自辛苦工作的未来,放弃家人相伴相守的愿景。

第十一章　布兰威尔的堕落

Chapter XI　Branwell's Fall

荒野上的春意越来越浓了，到处可见枝头发出鲜嫩的绿芽，天也变得晴朗起来，风自由自在地掠过野地。霍沃思迎来了美丽的季节。那里的每一天都在向这两个充满渴望的女人表明，她们那种隐隐约约的预感终会变为现实。她们现在很少谈及布兰威尔。

这是一个艰难而焦虑的时刻，没曾想不幸近在眼前。除了这一令人难堪的不幸外，也有其他一些说重不重说轻不轻的烦恼：勃朗特先生快失明了。夏洛蒂也很紧张，担心自己会有同样的命运。她视力也很差，因而格外珍视它，只能做一些轻松的缝纫活。安妮在信中谈到，由于受痛苦折磨，她的身体也垮掉了。正是艾米莉，这个坚强的负重者，承担了大部分的家庭重任。

夏天到来时，夏洛蒂的身体更弱了。她那种敏感而激越的性情随着身体疼痛加剧而变得焦虑起来。她常常和父亲待在一起。她跟她父亲一样，身体状况越来越差。一个月接着一个月，父亲的视力明显变弱了。这个老人一向自视其高，此时深感痛苦，害怕彻底失明，害怕处处依赖他人甚于害怕痛苦或贫困。"他担心自己在这个教区变得无足轻重。"夏洛蒂难过地说。父亲的脾性变了，不再动辄发脾气了，不过却变得非常沮丧和焦虑，这让夏洛蒂也变得紧张不安起来，其结果是沮丧也主宰了她的心情。

最后，6 月到了，但这丝毫没给这栋灰色的古老房子带来光明，反而是那种无形的阴影笼罩其上。经劝说，夏洛蒂去了利兹附近的一个朋友家找事做,或许这只是为了寻求生活的改变。

现在安妮在家了。她是因为生病才回来的,情况很不好。她深陷怀疑之中,感到自己纯洁的灵魂堕落了。她担心哥哥同她雇主的妻子之间的关系被发现,因为她曾亲自为他们传递了许多书信。她也常常听见她那几个没有头脑的小学生威胁伤风败俗的母亲:"除非你按照我们的意愿做,不然我们将把勃朗特先生的事告诉爸爸。"这个可怜的姑娘觉得自己不知不觉地成了这种背叛和欺骗的同谋。

夜间与雇主躺在同一屋檐下,白天给这个卧病在床的人掰面包。她不得不为哥哥的声誉担心,因为他的声誉已岌岌可危。这样可怕的紧张心态,对这个脆弱而沮丧的姑娘来说,简直就是不可承受之重。可是她大声对自己说,布兰威尔不可能干这种丢人的事。她宁可怀疑这是在一种病态思想驱使下的冲动行为。她甚至放下负罪感去感受这些冲动的驱使。可怜而温顺的安妮,这个甜美而"矜持的女孩子",怎么能够在这样的环境中,在这样一个亵渎圣灵的欲望之地待下去? 最后,她病了,获得解脱,回到了家里。

家,是一个需要不停劳作的地方,充满了纯洁善举的氛围;这里有疾病,也有爱;有对他人的担心,也有高贵的自我牺牲。对安妮受伤的灵魂而言,家就是她渴望的归宿。然而,这种微不足道的痛苦却搞得夏洛蒂筋疲力尽。她们劝夏洛蒂离开,她同意了。她们设法让夏洛蒂待在外面。

7月,艾米莉写信给艾伦:

亲爱的努茜小姐:

要是你想方设法让夏洛蒂再多待一个礼拜,我们大家都会同意的。至少，我会在礼拜天放下手中的一切，放松自己的。她现在过得很快乐，我很高兴。那就让她在接下来的七天里把自己的身体养得更健壮一些。献上安妮和我对她和你的爱。告诉她我们在家一切都好。

艾米莉·勃朗特

夏洛蒂在艾伦家又多住了一个礼拜，并由此大获裨益。她动身回家了，路上很开心，因为同行的是一个法国男人。她愉快地用法语同他交谈。这一甜美的语言不断地在她脑海里回响，以至于让她无法再满足于在那个与世隔绝的家继续待下去了。事实上，这样一种稍稍的激动对她有益。她感觉自己变得勇敢了，做好了面对生活阴影和克服困难的准备。她来到自家的大门前，走了进去，布兰威尔在家。

就在一两天前，布兰威尔被送回了家，显然是放假了。他想必已经知道，他做的事已经败露了。他一定想过不再回家了。安妮肯定也有些担心。不过，家里人还不知道这桩丑事。至少艾米莉没猜到。纸还是包不住火。就在夏洛蒂回来的那天，布兰威尔的雇主寄来了一封有关布兰威尔的信。一切真相大白了。这封信要求布兰威尔再也不要见他所辅导的孩子们的母亲了，再也不要踏入她的家门了，再也不要给她写信或同她讲话了。布兰威尔不顾一切地爱上了她，当时，他丝毫没有羞耻感。他歇斯底里地喊，没有她，他就无法活下去。他大声反对她继续同她丈夫生活在一起。而后，他诅咒她那个患病的丈夫早死，说自己和她在一起会幸福的。唉，他再也没能见到她！

在这个乡村牧师住宅安静的客厅里出现了这样的奇异场面：

布兰威尔为自己不正当的爱恋痛不欲生,为自己从失德的狂喜到失德的绝望而表现出强烈的情绪反应。布兰威尔继续在那里咆哮、发狂和烦恼。失明的父亲听了,非常伤心,也许在自责。温柔的安妮听了,浑身发抖,仿佛看到地狱就在自己脚下裂开。艾米莉听了,对这种私通行为感到愤怒,为这种耻辱惶恐不安,可是她那颗充满怒与爱的心却显示了巨大的怜悯和同情。

面对这样的情景,夏洛蒂没有逃避。

夏洛蒂有着强烈的是非观念,并表现出强烈的愤怒。当她最后明白这种有罪而堕落的激情破坏了两个家庭的平静时,她的心一下子凉了,她无法接受这一事实。可是她对这个无耻的、越轨的弟弟充满了爱,他们曾是那么亲密无间。她表现出极大的容忍。她悄悄地写信给她的一个朋友,信中并未对布兰威尔表现出太多的鄙弃之意:

> 我们苦苦做着布兰威尔的工作。他什么也不想,只是沉浸于自己内心的痛苦(直到此时,读者才以这种方式得知此事)。家里的每个人都不得安宁。最后我们不得不让他离家一个礼拜,并安排人照看他。今天上午,他写信给我,表达了他的悔悟之意……但是只要他还待在家里,我就不敢奢望家里会有安宁。我担心,我们大家都得做好心理准备,来应对接下来几个月的困扰和不安。

这是一段令人心烦和绝望的时期。布兰威尔回来了,尽管身体好些了,可他的灵魂却没有变得高尚些。他的一个希望就是,他的情敌大概会死,而且很快会死,事情大概会回到以前的样子。他毫无悔改之意。他的钱全花在了喝酒和吸鸦片上,花在了任何可以淡忘他回忆的事情上。有一个女人至今还住在霍沃思。她过去曾在"黑牛客栈"帮工。她仍然记得,一大早,面色苍白、两眼通红的布兰威尔便会走进这家客栈的走廊,优雅地鞠躬,用手轻扫一下举起的礼帽,露出谦恭的微笑,先问候道:"早上好,安妮!"然后,他会转身走向吧台,手伸进衣服口袋里摸索为数不多的钱——6个便士、8个便士或10个便士。情形大致如此:他会坐在那里要很多杜松子酒喝,直到喝光;之后他还会继续默默地坐在那里。有时他会满怀激情地讲自己所爱的那个女人,讲她的漂亮可爱,讲自己如何渴望再见到她。他甚至喜欢对着一条狗讲,会花上一个钟头对他的狗讲她。不过,为了避免让我们对他这种绝望心生同情,还是让我们看一下他的一封信吧。如此粗俗的嗜好,如此堕落和可憎的多愁善感,如此感情脆弱的米考伯式的悔恨,怎么算得上是情感丰富!当某种不幸违反常情到让人难以产生同情和真诚而只有蔑视的程度,那么要评判这种不幸并非易事。

布兰威尔又写信给格兰迪先生:

> 自我上次在哈利法克斯同你握手告别后,已过去了两个夏天。显而易见,我一直过得快活而纵情。你会问:"那么还抱怨什么呢?"我只能通过展示暗中涌动的悲痛来回答你。这种悲痛仿佛把我带入了旋涡,尽管生活表面上的浪将我推向宁静。1843年春,我开始写一封信,因疾病缠身,此信并未完成。在这封信里,我要告诉

你，我是一位富人儿子的家庭教师。该富人的妻子是国会议员×××的妹妹、×××勋爵的堂妹。这位夫人（尽管她丈夫厌恶我）待我不错。一天，我为她丈夫的行为深感难过时，她对我的善意便发展成一种显而易见的超常之情。我爱慕她精神和个性上的魅力，我了解她无私的真诚、善良的脾性，以及对他人深深的关切。她最应该获得回报，但她却不求回报……虽然她比我大十七岁，但对我来说，所有的一切都凝聚成一种依恋，以致我希望这种依恋能够得到回馈。在此之前，我从未有过这种要求。三个月后，我收到雇主的一封愤怒的信，他威胁我说，要是我在家度假结束后再回去，他就用枪打死我。她的女佣和医生来信告诉了我她丈夫的疯狂想法，只是她坚定的勇气和决心阻止了他，说任何伤害都应该冲她来而不是冲我来。……我的肉体和精神完全垮了，我在长达九周的时间里卧床不起。她有可能自作主张地把她本人和房产都献给我，然而这种可能性无法消除她因目前的悲伤而身体垮掉的状况。我也害怕自己的精神和身体垮掉，上帝啊，在这短暂的生命中，我饱尝了这种灵与肉的毁灭。十一个不眠之夜的恐怖险些让我双目失明。我被带到威尔士休养。那里的美景、大海、乐声都引起我一阵阵不可名状的悲伤。你会说："真傻！"然而你要是知道了我悲伤的原因（即使在此我也无法暗示这些原因），那么你也许除了责备我，还会同情我的。应麦考利先生和贝恩斯先生的好心要求，我努力通过写一些值得阅读的东西来激发我的灵感，但是我真的做不到。当然你会蔑视像我这样的作者。我只能回答,我所做的同作家所做的如出一辙。要是一个作家不希望通过写作和改变来振作自己,那么他就没有活下去的动力。

　　看起来我好像只是在唠叨自己的痛苦,为此深表歉意。我希望有时间能和你一起待几天,不过我几乎不敢透露出这个意思。有时我的情绪很低落,这让我想起了离别的日子。我担心,离别了就再也回不去了。可我还在。

不幸的布兰威尔!在这种极度的悲伤中,他所能得到的宽慰是,他所爱的那位女士能够利用她的女佣和医生写信给她这位被放逐的恋人。显然,这种暗中的书信往来满足了他的自尊心。因酗酒和吸毒,他变得有些神志不清了。他宁肯等待,直到那幸福时刻的到来;到那时,他便可以走向前去,要求获得"她本人和房产";此后,布兰威尔·勃朗特将会获得绅士尊称,成为太平绅士,成为这个国家中有地位的人。这样的天堂般的前景暂时遮蔽了他当时的痛苦和困惑。

"她本人和房产"这个短语特别具有启示意味。它清楚地表明了这样一个公认的事实,即在盖斯凯尔夫人的时代,残存的绅士观念还会在这个不幸的年轻人身上起作用。他被解雇几个月后,到了1845年这个令人痛苦之年的年底,他和那位女士在哈罗盖特约会了。据说,她提议一起私奔,并已做好放弃她社会地位的准备。而布兰威尔却劝她再耐心等待一段时间。也许是,尽管她本人很可爱,"尽管比我年长十七岁",然而"她本人和房产"更可爱,更值得重视。

可他是真诚的。对他来说,这也是生与死的问题,天堂或地狱的问题。倘若他不能拥有她,他就会一无所有。他会竭尽所能地毁了自己。处在这种徒劳的绝望情绪之中,他更像一个脾性暴躁的幼童,因无法拥有月亮而尖叫、捶打、哭泣和抽搐。

布兰威尔不断的情绪失控让夏洛蒂变得对他冷淡起来,因此她这种冷淡渐渐变成蔑视和沉默也就不足为奇了。与过去曾因这个弟弟而欢欣鼓舞并对他寄予厚望相反,她现在躲着他,深感心寒。

"我开始担心,"这个一度雄心勃勃的姐姐说,"他放任自流,无法胜任生活中任何令人尊敬的职位。"她无法邀请艾伦来看她,因为布兰威尔在家。"他在家时,你还是别来了。我见他的次数越多,我就越能证实自己的决定是对的。我多么想对你说一句他的好话啊,可是我做不到。我还是缄口不言好。"

有时,她希望危机会过去,然后——不管多么卑下,越隐蔽越好——他至少会离家挣到实实在在的面包吃。然而,这并非他的意图。他声称,他病得太重,无法离开霍沃思。他的病,毫无疑问,是由他不断吸食鸦片和整天酗酒造成的。他蜗居在自己舒适的住处,沉醉于教堂墓地对面的"黑牛客栈",毫不在意他给别人带来的不适。"布兰威尔毫无希望可言,"夏洛蒂又说。"只要布兰威尔待在家中变坏而不是变好,我们怎么会安适? 一直有这样一种说法,如果他行为能够更加端正,他以前工作过的那个车站愿意再接受他,但是他拒绝了。他不愿再付出努力。他不想工作,就想待在家里,耗尽家里所有的财力,他成了一切幸福的绊脚石。然而,抱怨毫无用处——"

尽管没什么用处,但夏洛蒂还是硬着头皮再做一次无望的努力,那是在布兰威尔多次习惯性的酗酒发疯之后。1846 年 3 月,她写信给她的朋友和安慰者艾伦:

　　　　到家后,我去了布兰威尔的房间,跟他谈了约一个小时。同他谈话对我来说是一件极不情愿的事。我真的不该找这个麻烦,因为他并没在听,也不作答,只是在那里发呆。我的眼泪算是白流了。我听说,当我不在家的时候,他借口还急债要了一枚金币,然而他却径直去了一家酒吧,用那枚金币换酒喝了。果然不出所料,这枚金币派上用场了……

　　她在结束自己的叙述时说,他是一个"不可救药的人"。说得太对了。就他目前的状况而言,让他待在自己的房间几乎是不可能的。大概就在那时,夏洛蒂再也不在这件事上好言相劝或出口抱怨了。她说:"我要保持缄默了。"她信守了自己的诺言。有两年多的时间,她没同他讲过一句话。住在同一个屋檐下,看着他一天天滑入堕落的深渊,却对他一言不发。既然(为了她所爱的那些人的缘故)她每天不得不忍受这种罪孽的令人作呕的味道和存在。但是她决不会同他为伍。她无权控制这种罪孽,但这种罪孽也无权控制她。她一言不发地旁观,对这个男人,她已毫无感觉。

　　安妮对哥哥并没有太强的恼怒,也不像姐姐那样严厉。

　　夏洛蒂在《回忆录》里说:"从小到大,她一直被要求从近处长时间观察才华被滥用所产生的可怕影响。她天性敏感、沉默和沮丧。她的所见所闻深深烙在了她的脑海,对她造成了伤害。"

一个可爱、脆弱和无辜的人不应该承受这种伤害。这种伤害引起了夏洛蒂的全部同情。她的同情丝毫也没有留给布兰威尔。

然而,却有一位女性,她内心强大,富于同情,每天忍受着大家对布兰威尔生活的厌恶,忍受着布兰威尔在生活中的脆弱和罪孽,却不放弃对他的帮助和关爱。一夜又一夜,当勃朗特先生上床睡觉后,当安妮和夏洛蒂上楼待在她们自己的房间时,艾米莉依然坐在那里等待。

她常常在安静的家中长时间静静地等待,直到蹒跚的脚步声、嘟哝的咒骂声和手摸索门的声音传来,她才从忧郁的沉思中被唤醒,起身让这位浪子进来,稳稳地扶他去休息。她始终对他怀有亲情。在这个安静的家里,正是安静的艾米莉能够对布兰威尔说上一句令他高兴的话,正是艾米莉还记着他是自己的哥哥,这个哥哥并没有让她心寒到麻木的地步。她仍然希望能够用爱将他从邪路上拉回来。对于他那种不正当的激情的力度和真诚(在夏洛蒂看来是一种恐怖和罪孽)要求,艾米莉给予了同情。因此,正是她,而不是其他人,更熟知这个遭受折磨的灵魂的痛苦、怀疑和羞耻。如果她根据自己对这个世界的有限了解,把这样扭曲的激情想象成是自然的,那么她的同情难免会受到指责。

随着时间的流逝,布兰威尔变得更加糟糕,更加放荡不羁。这对艾米莉这位孤独的看护者来说不是一件坏事,这让她变得坚强起来。他终于病倒了,乐于早点上床,神思恍惚地躺在那里,吸鸦片和饮酒。就在这样的一个夜晚,父亲和布兰威尔都已上床,姐妹们已上楼睡觉。艾米莉去过道小房间睡觉了。就在那时,夏洛蒂经过布兰威尔半掩的房门,看到了房间里一束奇怪的明亮火焰。

"喂，艾米莉!"她喊道,"房子着火了!"

艾米莉跑了出来,手指放在嘴唇上。她想起父亲非常怕火,这是这个勇敢的人所害怕的一件事。在他的房间,没有棉布的窗帘,也没有容易着火的衣物。她悄悄地跑过来,看到了火焰,她的脸色变白了;她毅然决然地从自己的房间冲向楼下过道那只中每晚装满水的木桶。她用一只手提着水桶走上楼来。安妮、夏洛蒂和一个年轻的用人靠墙蜷缩在一起,惊恐万分。艾米莉径直走去,进入正在燃烧的房间。火焰很快就熄灭了。所幸火焰并未蔓延到木制品。喝醉的布兰威尔在床上翻来覆去,想必着火的床单让他感觉不适,的确不只是床单,还有那些床上用品全都烧着了。当艾米莉走进房间时,他并未醒来,就像简·爱看到罗切斯特的房间着火时那样。不过,艾米莉所救的这个人却毫无理性,不知感恩。过了一段时间,仍然站在过道里的那些人看见艾米莉摇摇晃晃地走了出来,衣服烧焦了,胳膊弯里拖夹着她那个醉酒未醒的哥哥。她把他放在自己的床上,把灯拿开。然后,她安抚惊魂未定的姐妹,说不会有危险了,并吩咐她们去睡觉,但是那天夜里她睡在哪里,现在没有人记得了。

此后不久,布兰威尔就开始睡在他父亲的房间里了。这个勇气十足的老人认为,自己陪在这个不幸的儿子身边,那么他发酒疯多少会有所收敛。他执意坚持这种安排,但是女儿们苦苦劝他改变主意,因为她们知道他这么做有生命危险。有时,布兰威尔会大声说,他或父亲应该死在天亮之前。出现了无情的精神错乱时,他很有可能会杀了这个失明的老人。

由于有关夜深人静时发生枪击事件的报道的影响，姐妹们常常在夜深人静时竖起耳朵聆听，直到不断绷紧的神经让她们警惕的眼睛变得沉重，耳朵变得迟钝。早晨，年轻的勃朗特会走出门，就像醉鬼那样口无遮拦地说："那个可怜的老头和我这一夜过得糟透了。他尽力了，可怜的老头！但是，对我来说，一切都结束了。"（他哽咽地说：）"这是她的错，是她的错。"

布兰威尔就在这样毁灭性的进程中，又过了两年；日复一日，他带给这个家的痛苦更深重，也更糟糕。

第十二章　写诗

Chapter XII Writing Poetry

尽管烦琐的家务活让艾米莉忙个不停,尽管布兰威尔让艾米莉丢脸和伤心,可她并没有放松学习。她总是利用空闲时间学习和写作。生存的枯燥乏味反而让她的这种内心生活弥足珍贵。今天人们能够看到的由埃利斯、科勒和艾克顿·贝尔写的一本小诗集,实际上是由艾米莉一人所作的。她在诗集上署自己的名字,并在每一首诗歌的题目下,用她那种拥挤而整洁的书写风格认真地标上了日期。这对于将这些诗歌进行分类排序,尤其是从赞美诗到幻想诗——大有帮助。在诗歌《宽慰者》和《仙爱》里,她想要在灵魂中燃起光亮,从而让尘世天空中迟滞晦暗的云显得缺乏意义。

　　她想要点燃的光亮的确是一种超自然的光明,一种来自地下的火焰,一种来自天空闪电的火焰,一盏显示庄严警示的指明灯。虽然在她早期的这些诗歌中很少明白无误地表达出来,然而这些诗歌却闪烁着奇异的摆动不定的火。这火非常好看,如白昼环绕尸棺点亮的蜡光那样庄严而淡淡地燃烧,然而,无论以何种形状燃烧,“那光亮既不在海上也不在陆地上”,那里所呈现的是奇异而完美的想象力。

　　这个家里,没有人看到艾米莉在写什么。她写诗歌是在制作油酥点心的间歇中,在红醋栗树下的简单背景中,在对她那个醉酒的哥哥长时间和独自观察中进行的。她写作不是为了让人阅

读,而是为了减轻自己的心理负担。1850 年,夏洛蒂在回忆近乎消失的往事时写道:

> 1845 年秋的一天,我偶然发现了一卷诗歌手稿,是我妹妹艾米莉的手迹。当然,我并不感到惊讶,我知道她能写诗,也的确写过诗。我从头到尾看了一遍,某种让我倍感惊讶的东西抓住了我。我深信这些诗歌非同寻常,完全不像女性通常写的那些诗歌。我认为,这些诗凝练、简洁、生动、真诚。在我听起来,这些诗歌也有一种特殊的乐感,狂放、忧郁而脱俗。

千真万确,这些诗歌充满了过剩的想象力、本能的乐感、不规则而恰当的形式、令人诚服的感动、景象描绘的效果、对教理或不忠之人寥寥无几的暗指,这些完全不像女性通常所写的诗歌。

她妙手写下了这样的诗句:

> 暗淡的月亮在空中挣扎。

她的手笔可以同柯勒律治的相提并论,她的诗同布莱克的诗有着异曲同工之妙:

> 希望只是一个胆小的朋友;
> 她坐着,未被那有格栅的小房间囚禁,
> 看着我命运的走向,
> 甚至就像怀有私心的人。

恐惧中她很残酷
透过木棂,沉闷的一天
我朝外望去,看见她在那里
她的脸转了过去。

　　若是这首诗歌到此结束,那么就完美了。这首诗或其他许多抒情诗因结束的不确定性而通常被认定为初期作品。梦的画面虽然一幅接一幅,但常常是前后不一致,缺乏逻辑联系的。尽管如此,这种不一致对诗歌很少造成损害,因为它们所寻求的效果不是一种情绪,不是一种确信,而是一种美、恐惧或入迷的印象。这些不确定的轮廓沐浴在一种朦胧的金色的想象氛围之中,用柯勒律治式的魔力和莱奥帕尔迪①式的魔力将之呈现在我们面前。这种魔力提供了一种情绪、一个场景,但缺少显而易见的细节描写。我们也许不明白这首诗歌的意图,但是我们理解激发这首诗歌的感情,就像我们读《忽必烈汗》②那样,留在我们脑海里的不是栩栩如生的宫殿和舞者的画面,而是对柯勒律治那种高度想象力、一种沉思和一种印象的亲身体会。
　　请读这首于 1845 年 10 月写的诗:

---

　　① 　贾科莫·莱奥帕尔迪(Giacomo Leopardi,1798—1837),意大利悲观主义诗人。
　　② 　《忽必烈汗》(Kubla Khan,1798),19 世纪英国浪漫主义诗人柯勒律治的诗作。该诗为当时的西方人描绘出一幅绚烂的东方景观。诗人以西方的眼光审视了东方的意象,表达出对东方的无限向往。

哲　人

思想丰富的哲人
在这幽暗而沉闷的房间里，
当夏日的阳光普照，
你已做梦太久！
凌空掠过的灵魂，是什么忧郁的副歌，
结束了你的再次沉思？

啊，到那时，我睡觉了，
没了身份，
从不在乎我是怎样为雨水所浸泡，
或是怎样为雪花所覆盖！
没有许诺的天堂，这些狂野的愿望
或许能够得以全部实现或部分实现；
没有威胁的地狱，难以熄灭的火
抑制这种难以压制的意志！

这就是我说过的，现在我仍然这么说；
对我的死神，我仍然会说——
在这小小的躯体之内，
三个神日日夜夜在交战；
天堂无法控制它们，可是
它们都存在于我身，
属于我直到我忘记
自己目前的存在！

啊,到那时,它们在我心中
争斗结束了!
啊,到那天,我静歇了
再也不遭受痛苦了!

我看到了一个精灵,站在那里,一个人,
一个小时前,你的确就站在那里
环绕他的脚,三条河在奔流,
同样的水深,同样的流速——
一条金色的溪流,一条看似血液的溪流,
一条看似蓝宝石的溪流;
然而,三条水流在那里汇合,
翻滚着汇入漆黑的海洋。

那精灵闪动着目光朝下凝视,
穿透海洋上那阴郁的夜空,
而后忽地一束火光点燃了一切,
那快乐的深处燃烧得宽广而明亮——
白如赤日,远比
宇宙初分时壮美!

即使为了那个精灵,
我这个寻求者注视和寻求到了一生;
在天堂和地狱寻找他,在天地之间寻找他——
无穷无尽地寻找,总是错!

然而我看到了他那明亮的目光

一度照亮了使我迷惑的浮云，

我从未有过怯懦的大声哭喊

来放弃思考，放弃存在；

我从未要求那幸福的湮没，

也从未向死神伸出渴望的手，

恳求让自己获得毫无感觉的安息，

这颗有情感的灵魂，这种有生命的呼吸——

啊，让我死去吧——那权力和意志

它们残酷的冲突可以终结了；

节节败退的善和攻无不克的恶

都消失在长眠之中！

　　头三节诗和最后一节诗是由询问者说出的，第四节诗则是由哲人说的。这样的构思，毫无疑问，赋予了该诗某种表面上的一致性。即便如此，诗歌主题也并不那么吸引人。我们感兴趣的是那种令人惊叹的活力；正是凭借这种活力，诗人建构了一个又一个的诗歌意象、重要的诗节回旋和变化无穷的想象。然而那个人和那位哲人就是那种早期笨重的幻灯机，越不出现于人们的视野越好。

　　"节节败退的善和攻无不克的恶！"这样一种想法在当时和随后几年中想必常常涌现在艾米莉的脑海里。这样一种悲观的想法出现在一个乡村牧师的女儿身上实在是太不寻常了。这种想法注定会让她最终创作出伟大的作品。

这些幻象是艾米莉对这部小诗集的主要贡献。她在 1844 年 3 月 5 日写的那首白日梦诗歌,可以说是这部诗集中最具超常魅力的一首,在此引以为例。其中有几节诗粗略地勾勒了诗歌的背景:

在一个洒满阳光的斜坡上,
我独自一人躺着
这是一个夏日的下午;
这是 5 月的结婚时间
同她年轻的恋人,6 月。

树摆动着羽毛似的树冠,
快乐的鸟儿清亮地欢唱;
我,在所有参加婚礼的客人中,
是那唯一闷闷不乐的人。

如今是否真的如此,
我根本无法确定,
但是一时的悲愤
我在荒野上伸展了自己,

成千上万闪烁的火
仿佛在空中点燃;
成千上万银色的琴
在四面八方奏响:

在我看来，我呼吸的气息
充满了神圣的火花，
我整个的石南卧地
被天上的光所环绕！

当那宽广的大地回响着
它们奇异的弹唱，
闪闪发光的小精灵们歌唱，
或仿佛在对我歌唱。

　　它们所唱的是什么的确无关紧要，那点模糊不清的泛神论情感总是为诗人们所共有，但是她所表现出的那种空气交响乐的方式却是迷人的。它让人想起黄昏荒野里仙灵般的亮光，那时，太阳溜到了西山后面，水面闪光的小溪流向对面的山顶。夕阳给浅褐色的草镀上了一层白金，同紫草的影像纠缠在一起，宛如葡萄树上的花，遍布整个荒野，在纯白色、野玫瑰色、贝壳色、紫色的石南花的边缘上闪烁，突显了每一个青灰色山坡上毛茸茸的青苔，敲打着每一棵深红点状、长出白芽的石南树：那白色、粉红和紫色的花呈现出一种彩虹般的、微微发光的、不断跃动的效果；淡紫色的花朵和青灰、灰白的芽枝都在小山顶上的微风中一起轻快地摆动和跳舞。我引用诗句中的风之夜：

　　暗淡的月亮在天空中挣扎。

下面这段诗显示了艾米莉从她宽大的卧室窗户对黑茫茫的荒野之上的灰蒙蒙的天空的细致观察：

> 啊，那颗眼光锐利的星星
> 慢悠悠地穿越寒冷而灰色的天空；
> 什么？还是看吧！黎明
> 离得那么远。

　　这样一种直截了当、极具活力的笔调让人联想到了《呼啸山庄》中那段有名的描述，即凯瑟琳对荒野的描绘；它巧妙地暗示了当夏天树叶生长时，在荒野中听不见吉默吞教堂的钟声，然而在冰雪融化或阴雨连绵之后寂静的日子却听得见。

　　然而，不是的，唉！也许正是在这样一种幻想中，在这样一种与大自然的亲密交往中，艾米莉度过了她那段悲伤的日子。就她的天性而言，并非所有的梦想都是愉悦的。这些最精美的诗歌最能体现她自己的个性。它们全都具有挑战性和哀伤意味。对她来说，这些情绪是那么自然，似乎无须她在它们的自我表达中再说些什么。夏洛蒂所说的那种奔放不羁、令人忧郁和引人向上的乐感，在下面的这些诗句中，深深打动了我们的心，让我们感到悲伤。下面诗歌中的某些东西要是用散文形式写出来完全不能打动我们，因为它们毫无个人倾向。可是，请听：

> 死亡！袭来，当我极其信赖
> 我对欢乐的某种信念的时候——
> 再次袭来，时光的枯枝

脱离了永恒的鲜根！

树叶，在时光的枝杈上，鲜亮地生长，
充满了活力，沾满了银色的露珠；
在它的庇护下，鸟儿每夜聚在一起；
白天野蜂飞绕着它的花。

悲伤经过，摘去了那金色的花。

庄严肃穆，交织着某种激情，无限地超越了那些词句和意象；因为诗句的特殊乐感以某种奇妙的方式给我们以深刻印象，让我们想起了神圣而必然的死亡。

不过，写于两年后即 1845 年 3 月的《回想》则是一首更出色的诗。诗中的词句和思绪都拥有了乐感和情绪，其中蕴含了富于活力的激情，尽管不太可能是一种个人激情，因为在 1845 年之前的"十五个荒凉的 12 月"，艾米莉·勃朗特还是一个十二岁的女孩，除了仍然在世的姐妹、布兰威尔、姨妈和用人外，她没有任何朋友。在这首诗里，就像在本诗集中的其他诗里，创造性本能表现在对情感而不是对人物的想象。这位艺术家写出了那种只有恋爱中的人才有的激情。

地下的寒冷——厚厚的雪堆在你的上面，
远离了，沉郁墓穴中的寒冷！
我忘记了吗？我唯一的爱，
时光分离的浪隔断了我对你的爱。

现在，当我独自一人时，我的思绪
不再在群山上空和北方的海岸上盘旋，
其翅膀落下的地方
石南和蕨叶永远覆盖了你那高贵的心，永远吗？

地下的寒冷——十五个荒凉的 12 月，
从那些棕色的小山，已融化成泉水：
经历了这些年的变化和痛苦之后，
留在记忆中的精神真的还是忠实的！

当世俗之潮载我向前，
年轻时的心爱，假如我忘记了你，请原谅；
其他渴望和其他希望困扰着我，
虽然希望模糊不明，但我不会错怪你。

没有迟来的光照亮我的天堂
没有第二次黎明为我显露；
从你那可爱的生命中获得了
我一生的天赐之福。

然而金色梦乡的日子毁灭，
甚至欲望也无力摧毁。
那么我懂得了，即使没有快乐相助
生存是可以被珍爱、加强和充实的。

而后我抑制我那无用激情的眼泪——
让我年轻的灵魂放弃了对你的怀念；
毅然否定这颗灵魂中的热望
加速走向我之外的那个坟墓。

可是我不敢让它凋萎，
不敢沉湎于记忆的狂喜之痛；
一旦痛饮了那种最神圣的痛苦
我怎么能够再寻求这个空虚的世界？

同样出色的是一首小诗，受羞怯的鸵鸟启发，艾米莉将这首小诗称为《老坚忍者》：

财富，在我看来无足轻重；
爱情，我用笑来嘲弄；
渴望名望只是一个梦，
黎明时便消失无影。

假如我要祈祷，从我唇间
发出的唯一祷词
是"不要烦扰我的心，
给我自由！"

是呀，当我飞逝的日子接近终点

这就是我恳求的一切；

无论生死，一颗无所羁绊的灵魂

都会有勇气忍受。

　　读罢整部诗集，我们能够看到的是这样一种能力，即能写出更出彩的东西的能力，这些东西即便同这里的引诗相比也是相当不同。我们所能看到的不只是《呼啸山庄》的作者，还有更多的东西。描绘心境和景色的宏大意象显示出艺术家所具有的那种超凡的感受性气质。那些夺人眼球和生机勃勃的诗句表明，这位艺术家是一位诗人。然后，我们走进了死胡同。没有任何的暗示说明哪一类诗人过于矜持而无法始终执着于抒情，没有充足的证据表明戏剧性才能有助于我们获得真正的觉察能力。我们只能说，我们面对的是一个具有完全和真正幻想能力的大脑，这个大脑常常为想象所萦绕，这些想象总是奇异的，也常常是可怕的。这是一种矜持、无畏和沉思的气质，一种强力、粗粝、极度执着于感受的性格。我们必须借用丹纳先生[①]和他的"环境论"来解释《呼啸山庄》。

　　头一卷展现了一种超强的想象力，不过这种想象力尚未被充分表现出来。读这些早期的诗歌让人感到痛苦，正如非刻意构想的诗句所表明的那样，常常会让人感到这种强大的想象力是多么无情和可怕。的确，有时艾米莉也会有甜美的幻想，然而她的幻

---

　　① 　伊波利特·丹纳（Hippolyte Taine，1828—1893），19 世纪法国文学批评家和史学家，法国著名的文艺理论家和史学家，历史文化学派的奠基者和领袖人物，被称为"批评家心目中的拿破仑"。他在《艺术哲学》中阐明了文学艺术与种族、环境和时代这三个要素的紧密联系，对 19 世纪的文艺研究产生了深远的影响。

想更多体现为黑暗的地牢,死亡的场景,绝望、分离、疯狂和痛苦的幻象。

> 我这么站着,在天堂辉煌的阳光下,
> 在地狱刺眼的光芒中;
>
> 我的精神汲取了一种混合的调子,
> 混合了天使的歌咏和魔鬼的呻吟;
> 我那孤独的灵魂或许可以告诉
> 我的灵魂所承受的是什么!

想到这种激越的想象力偏爱反复无常,并让人心生恐惧,其产物又是孤独、悲伤和降格以求的强制性交往,这的确让人心情不爽。生活痛苦得如此持久。通过另一种生活的错误铸就了如此痛苦的生活。艾米莉喜欢这种幻想,即便是最阴郁的幻想,因为这是走出现实的一种快乐出口。

> 啊,可怕的是抑制——强化了这种痛苦——
> 当耳朵开始倾听,眼睛开始观看,
> 当脉搏开始跳动,大脑又开始思考,
> 灵魂感觉到了肉体,肉体感觉到了束缚。

这些就是夏洛蒂在 1845 年的一个秋日发现的诗歌,这些诗因其创新和乐感,有充足的理由让她拍案称奇。然而,艾米莉却感到不快,在她看来,这似乎是有意侵扰她的私人属地,嫉妒她的自由。夏洛蒂说：

> 我妹妹既不是一个善于表露情感的人，也不是一个将思想感情深藏于内心的人。即使是她最亲近的人，也不能擅自闯入她的私人领域。我花了数小时来平息她因我看了她的诗歌而产生的不快，花了数日来说服她，这样的诗歌值得出版。然而，我知道，像她这样的人，内心不可能不蕴含着高尚追求的火花，看到我试图将那火花扇成火焰，肯定会受到鼓舞。
>
> 与此同时，我的小妹妹也悄悄地写了一些诗歌。她说，既然艾米莉的诗歌让我感到了愉悦，那么我也许会喜欢她的诗歌。尽管我的评判可能有所偏颇，但我还是认为，她的诗歌自有其亲切、真诚、动人之处。

在温和的安妮那些不太重要的诗歌中，只有那种具有偏向性的评判者才能够从中发现许多值得肯定的东西。要是把每一首诗歌的头一句作为诗歌目录列出来的话，那么诗歌内容就会招致苛评！

> 悦耳是你的品系、天堂里的游吟诗人
> 我要安歇在这个庇荫处
> 啊，我厌烦透了，可是泪水不再流淌

从这样的诗歌首句，我们也能预见到诗歌结束时那种不可救药的矫揉造作。可怜的孩子，她用这样陈旧别扭的词语所表达的那种真正而深刻的悲伤,就像一个用被丢弃的现成二手服饰装扮的伦敦女店员那样,难得让人心动。

然而,夏洛蒂知道,激发她们灵感的是她们真实的悲伤和驯顺,她们并非将自己遭遇的痛苦生硬地塞入这些并不重要的诗句之中。事实上,她自己的诗也不像苛评的那样。她的诗歌实际上大都不如安妮的诗歌。她在抒情诗结尾扯进一个故事或一个寓意的方式具有某种喜剧效果;可是,总的来看,作为该书的作者之一,她显然以善于言辞、想象力丰富而闻名,然而她却无法拥有艾米莉所拥有的无花桂冠,无法拥有哪怕是桂冠上最小的萌芽和最小的叶子。不过,在当时这种区别并非清晰可辨。虽然夏洛蒂感到,也承认艾米莉在诗歌写作方面优于她,不过并非人人都认为夏洛蒂诗歌中插入小故事这一点相形见绌,或安妮那种虔敬的表达黯然失色。

一包书稿被选取了。这一小包书稿是三只不同的手写的,署的是三个人的名字。勃朗特姐妹并不想让人知道她们的真实身份。她们决定使用笔名,于是选用了英格兰北部的普通姓氏贝尔。她们也不希望让人知道作者是女性:"我们有一个模糊的印象,女作者往往会因偏见而被另眼相看。"不过由于对荣誉的苛求,她们无法戴着一种虚假的面具。为了消除顾虑,她们使用了也许既不属于男性也不属于女性的笔名。在她们生活的约克郡的某些地方,孩子们常常以家族姓氏来命名。走过几家商店,她们会看到"桑德兰·阿卡罗伊德"及其变体"皮格黑尔斯·桑德兰",名称中很少使用"约翰"或"詹姆斯"。因此,这没什么可奇怪的,根据通行的做法,这些姓名被巧妙地改动,为她们自己所用。埃利斯暗指艾米莉,柯勒暗指夏洛蒂,艾克顿暗指安妮。名和姓都是常见的。柯勒小姐是柯文桥学校的学生,这也许暗示了柯勒是夏洛蒂的笔名。最后,她们讨论了每一个细节并做出决定,将手稿寄往伦敦,试一下它在这个世界中的运气。

　　最后,或多或少考虑到两位作者的窘况,出版商接受了《呼啸山庄》和《艾格尼丝·格雷》,然而却没有出版商接受柯勒·贝尔的书,也没有人认可它的价值。因此,某种绝望的寒意袭上我的心头。怀着一种无望的希望,我又试着联系了另一家出版商——老史密斯先生公司。不久,要比我根据过去的经验掐算的时间要快得多,我收到了一封信。我打开信封,原以为看到的又是生硬而无望的一句话:"不打算出版该书稿。"我从信封里拿出两页纸长的信,激动不安地读它。出版商出于商业考虑的确婉拒了出版我的书,但却礼貌而理性地讨论了该书的优缺点,可谓独具慧眼,令人信服。这样不同寻常的拒绝信,比起那种泛泛表达的接受信来说,更让作者欢欣鼓舞。信里又说,出版商会认真考虑三卷本的作品。

　　最终,三姐妹找到了一家根据销售佣金接受此书的出版商。位于帕特诺斯特街的出版商艾洛特和琼斯先生给予了肯定的回复,估计该书出版费用为 30 基尼。这笔钱对三姐妹来说可不是小数目,她们得从自己的收入中节省出这笔钱来,不过她们渴望出版,渴望做出牺牲,仿佛在朦胧中已经看到了那美好的目标。但是,她们目前还有事要做。

　　在市面上总会有大量的初级指南之类的书在廉价销售。她们买了其中的一本。该书说，业余作者，虽然就像可怜而徒劳的飞蛾，但是可采取某种方法，尽量避免烧及自己的翅膀——比起把钱贡献给这个世界的其他书，她们更渴望买到和读到这种小书。这样一部出版指南是为那些雄心勃勃的男学生写的，而勃朗特姐妹却购买了它，并如饥似渴地进行研究。到了 3 月底，一切都敲定了，书样确定了，出版费寄走了，印刷商开印了。艾米莉·勃朗特的那部分注明日期为 1846 年 5 月 7 日。

当装有第一批书的包裹送到时，她们急不可待地打开了它。诗歌没有什么改动，她们怀着那种失望和狂喜的心情开始读自己的诗歌。诗集已在销售之中！当时的那种感受不同于现在。在那个时代，成为一位女诗人会变得与众不同。三姐妹渴望得到读者的积极回应。诗集被送给许多杂志，如她们早期崇拜的《科尔伯恩杂志》《宾利杂志》《胡德杂志》和《布莱克伍德杂志》，也送给了《爱丁堡评论》《泰特爱丁堡杂志》《都柏林大学杂志》，还有《雅典娜神庙》《文学公报》《批评家》《每日新闻》《泰晤士报》和《不列颠报》。毫无疑问，从大约四分之一的报刊那里，她们会看到某些权威的警告和受欢迎的评论，这些评论会立刻证实她们的希望或绝望。她们已经习惯于等待，不过她们等得太久了。直到 7 月 4 日，《雅典娜神庙》才以简短的一段文字评论了她们的书。这是不同寻常的，尽管这样的诗歌评论发表在《简·爱》出版之后，而且正是柯勒·贝尔"良好的自然感"和"成熟的智力和精妙的手笔"赢得了所有的赞誉。即使在这个早期评论中，那位颇有眼光的评论者也已经感觉到了诗歌出自谁的手。他把埃利斯·贝尔放在这三个臆想的"兄弟"之首，称"他"为"一种美妙而奇异的精神，其翅膀具有显而易见的力量，能够达到这里一般人无法企及的高度"。这位评论者将柯勒排在第二，排在最后的是艾克顿。她们没有看到其他评论。

这部诗集显然遭遇到了失败,并未引起评论界的关注。难道她们刚一出山,全部的希望就消失了吗?至少她们的决心不会为挫折影响太久。她们怀着浓重的失望情绪,又开始构思她们要写的小说了。就像我们的军队,她们决不认输,最终赢得了战斗。

她们并未把这种失望和决心告知其他人。好奇的邮递员问勃朗特先生是否认识柯勒"先生",因为总是有太多的信邮寄给他。这位老先生以权威的口气回答:"老弟,这个教区里没有这样一个人。"偶尔布兰威尔走进她们的房间,看到她们正在写作,但是她们绝口不提她们正在写的东西。即便对亲如姐妹、无话不谈的艾伦,她们也没透露她们在花时间做什么。

"你来这里后,我们什么也没做。"安妮小心翼翼地说。然而,她们的朋友有了自己的推论。大概在此时,她来霍沃思待了几天。有时(看到她们沉默寡言,她有点开心)她会用自己的猜疑取笑她们,这让夏洛蒂颇感意外。又一次,她们一起去荒野散步,天突然变了,一下子亮了起来。"看啊!"夏洛蒂说。四个姑娘抬头观看,看到三个太阳在她们的头上闪耀。她们停住脚步站了一会儿,静静地注视着美丽的幻日。夏洛蒂、她的朋友和安妮聚在一起,艾米莉高于她们站在一个长满石南的圆丘上。"那就是你们!"艾伦最后说,"你们就是那三个太阳。""嘘!"夏洛蒂大声喊道,对她朋友太过精明的胡言乱语感到不满。然而,对艾伦来说,夏洛蒂那种激烈的口气恰恰证实了她的猜想。她再次把目光投向了地面,朝艾米莉看了一会儿。艾米莉仍然站在那个圆丘上,安静而满足。她的唇间浮出一丝柔和而幸福的微笑。这个独立自主的艾米莉没有生气。她喜欢那句简短的话。

第十三章　烦扰

Chapter XIII　Troubles

艾米莉·勃朗特一方面在努力创造一个与她充满激情的精神和谐的幻想和浪漫世界，一方面又不得不劳作并忍受现实生活中越来越多的焦虑和烦扰。这似乎是一种令人难以忍受的生活。回想这段生活，布兰威尔的悲痛所带来的让人难以启齿的悲剧、对布兰威尔所欠债务的暗自担心、对老勃朗特先生快要失明的那种过度忧虑，让人喘不上气来。我们记住了 1840 年的这几个月，因为艾米莉在写《呼啸山庄》，然而这几个月想必是她最沉重的日子。正是在此身心疲惫的时期，她终于意识到了他哥哥的余生毫无希望，已无善感。

因为只要还有未来，布兰威尔就决不会一味放纵自己沉沦下去。他酗酒是为了浇愁，为了忘却，为了打发时光。黎明的到来本可以让他回想起曾有过的成功和幸福。他走得太远了，可尚未远到让他无法回头的地步。尽管沉沦和堕落，但他仍然能够改进，接受至善的影响。他并未最终抛弃善良和荣誉感。他只是暂时地将它们搁置一边，就像为了干重活而将戒指摘下一样，以后他还会再将它戴上的。

然而，他的未来突然间被剥夺了。被解雇大约六个月后的一个早上，布兰威尔收到了一封信。信中说，他的前雇主死了。他曾经期望的一切现在就在眼前——那个戴了绿帽子的好人死了。他的妻子和财富现在让布兰威尔感到兴奋。一种由罪孽和仇恨赚来的新生活就要开始了。这是一种好日子,荣耀而幸福。就布兰威尔的天性来说,当和平和体面光顾他时,他会很开心,尽管是不劳而获。这个早晨,他开心极了。

有人对我说:"他在墓地里翩翩起舞,仿佛发疯了一般。他太喜欢那个女人了。"

第二天早晨,他起床后,精心穿衣打扮自己,准备出远门。但是,在他动身离开霍沃思之前,有两个人骑马来到了村邮政快递所。他们派人来叫布兰威尔。布兰威尔激动万分地赶到那里,一个人下了马,同他一起去了"黑牛客栈"。他们走进了客栈会客厅。这个会客厅的墙壁经过装饰,令人赏心悦目。在这个会客厅,他过去常常坐在那把三角椅子上,对他的好友摆谱。过了一会儿,那个送信的人起身离开了。客栈里的人似乎听见了会客厅里发出的奇怪动静,像一只小牛咩咩地叫。可是,客栈的人那么忙,并没有走进会客室看一下到底发生了什么事。对这些雇员来说,这种声音只会在他们的耳边飘过,他们根本不会留意。几小时后,那个过去常在客栈帮忙、至今还记得布兰威尔流利问候的女孩子安妮找了一个机会来到会客室。她走了进去,看到布兰威尔躺在地板上脸色大变,看起来很可怕。他是突然昏迷而跌倒的。此后,他似乎变成了另外一个人。

他听到的消息改变了他的生活轨迹。这不是他所期待的召唤,而是他所爱的女人的祈求:不要走近她,不要诱使她毁灭。倘若她再见他,那么她就会彻底失去对孩子的看护权和他们的财产。她恳求他远离她。也许丈夫死后的突然孤独让她渴望回到从前的生活状态,或者某种懵懂的迷信让她宁愿背叛布兰威尔也不愿背叛死者,或者她只是渴望不惜一切代价保住她已习惯的等级、身份和体面。尽管如此,布兰威尔还是意识到自己被遗忘了。

> 啊,女人的心是多么可怕,
> 一旦忘记了男人所记的一切
> 便随之将他遗忘。

自那天之后,他就像变了一个人。他陷入绝望,拼命酗酒,试图在醉酒中遗忘和死去,像神那样在烦劳之后获得安息,他怀着这种可怕的心绪寻求短暂的快乐。不过,对于这样的人来说,至高无上的诱惑就是及时行乐:即使失去生命或天堂,及时行乐也是必需的。他狂饮的样子表明了他那种醉生梦死般的享受。

此间,父亲几乎失明,安妮一天比一天羸弱,气喘吁吁,雄心勃勃的夏洛蒂就像囚在笼中的雄鹰般充满痛苦和渴望,艾米莉还在写《呼啸山庄》。那些为生活所累的人发现,她写的故事比真实生活还可怕。

艾米莉最能理解这个被人抛弃的哥哥,而安妮对布兰威尔的罪孽只会战栗,夏洛蒂所表现的情绪则是愤怒多于同情。然而,艾米莉,这个严苛而宽容的女人,对此毫无苦闷,乐于用自己辛劳的双手轻轻托起折翼的雏鸟。艾米莉并未因他的弱点而心生反感。我会因为鹿不敢迅即飞奔而鄙视它吗?我会因为野兔不能勇敢地死亡而鄙视它吗?我会因为狼的枯瘦和污秽而嘲笑它的痛苦死亡吗?她在留给我们的那几首诗中这样问自己。不!这是一个加重语气的"不"。因为在艾米莉的心里有一个地方,可容纳一切野生于自然的幼小生命,她不可能因为它们的自然本能而鄙视它们。她不为布兰威尔的愚蠢行为而心生怨恨。她决定用一种无怨无恨的遗憾接受他那种自然的不良行为。她只鄙视极端的容忍,因为这种极端的容忍并不期望任何改进,也不要求任何改进。她对野兔和狼这类卑劣而伤人的动物怀有宽容之心,然而这类动物的卑劣和伤人并非它们自己的选择,因此她的这种容忍充满了无奈的绝望。

布兰威尔的怜悯全是为了他自己。他不遗余力地迫使这个虔诚之家蒙受他坏习性的影响。夏洛蒂说:"在霍沃思,没有发生过什么事,至少没有发生过令人快乐的事。大约一周前发生了一件小事,算是给我们的生活带来了一些刺激。然而,要是你听说之后比我们亲眼所见之后还要不开心,那么你还会感谢我谈这件事吗?治安官来见布兰威尔,要求他要么还债,要么跟他们去约克一趟。当然了,他得还债。钱以这种方式不断地失去,这并非让人惬意的事。不过,多谈这样的事有什么意义呢?这并不会让他变得更好。"

责备只会让他的心变得更加冷酷,让他越发感到是环境和命运在恶待他。菲利普先生说:"有时他会抱怨他在家时家人对待他的方式。"下面就是一个相关的例子:

> 他及全家都很关心一个主日学校的女孩。这个女孩感到非常难受。他们担心她活不了了。

> "我去看那个可怜的女孩,"他说,"同她坐了半个小时,应她的要求给她读了圣经中的诗篇和一首赞美诗。我觉得自己非常乐意同她一起祈祷。"他又声调颤抖、充满感情地说:"但是,你知道,我不够好。我几乎都忘记怎样为自己祈祷了,又怎么敢为他人祈祷?我怀着沉重

的心情离开了，因为我确信她会死的。我直接回了家，在家里，我陷入了忧郁的沉思。我需要有人让我开心。我常常这么想。然而，我听见的就没有一句好话，更不用说让我开心了。夏洛蒂看到我情绪低落，便问我烦什么。于是，我便告诉了她。她用一种让我难忘的眼神瞧着我。这种眼神，即使我活到一百岁，也不会忘记的。完全不像她的眼神。这眼神伤害了我，就像有人在我嘴上猛击了一下。这种眼神含义很多，充满了怀疑。她的目光在我身上掠过，充满质疑和审视，就仿佛我曾经是一头野兽。那目光似乎在说：'我听错了还是我不该听？'随后她露出一副痛苦而迷惑的表情，这比什么都更加糟糕。那眼神似乎在说：'我不知道你说的是不是真的。'但是，她离开房间时，似乎责备自己冤枉了我，冲我好意地笑了笑，'她是我的小学妹，我要去看她。'我没吭声，心如刀绞。她走了，我又去了'黑牛客栈'，在极度的厌恶和绝望中度过了一夜。当我努力向善时，她们为什么就不能信任我呢？"

就这样，1846年的夏天临近了。太无聊了。全家人省吃俭用，经济状况有所改善。布兰威尔的债务可以体面地偿还了。不过，患胃病和失明的父亲越发让人担心了。他再也不能阅读了。他酷爱走路，喜欢独自一人闲逛，但如今摸索着走路也几乎不可能了。他所仅存的视力也就只能辨认站在强光之中的熟人了。然而，他还是继续讲道，面色灰暗、目光茫然地站在讲坛前，嘴唇间吐出含混不清的词句来。在这样一个让人伤感的年纪，他本人苦苦支撑着发表着一种能够为听众理解的高尚无比的布道。

他的精神实在是不济了。当烦恼侵扰了楼下狭长的空间时，他再也无法全神贯注于独自一人的研究了，再也不能独自漫步在自由的荒野上了。只要还活着，他就需要同自己的孩子们保持密切关系。他得依靠他们。现在他了解到了女儿们的非凡之处，看到了她们所承担的烦琐的家务活，看到了她们是如何巧妙地将这种令人厌倦的家务变成一种优雅的活动的。现在他也看到了儿子那种空虚、依赖和多情的性情，意识到了这株植物由于缺乏修剪而已毁掉并被拖入泥淖之中。要是给予扶持，它也许会生长出美丽的花朵，结出甜美的果实。这个年轻人就像一棵倚墙而长的树，无法独自直立在那里。上帝的惩罚降临到他家。他感受到了自己的自私、傲慢和疏离所导致的后果。他十分哀伤。

白内障一个月比一个月厉害，一层厚厚的云翳遮蔽了外部世界。日复一日，这位双目失明的老人百无聊赖地坐在那里，想弄清楚他那宝贝儿子何时开始堕落的。布兰威尔曾是他的最爱。夜里，老躺在床上倾听着布兰威尔的脚步声，在楼下，他的妹妹百无聊赖地等候着这个浪子回家。

三姐妹看在眼里，渴望帮忙。她们所能做的一切就是像过去她们所做的那样，夏洛蒂不间断地帮助和陪伴父亲，然而她们的能力的确有限。她们不甘心看到父亲失明。她们忙着尽可能搜集有关白内障手术的信息和眼科医生的名字。但是，眼下她们只有等待和忍耐，因为仅凭自己有限的知识，她们也能感觉到父亲的眼睛已不能承受手术之苦了。

与此同时，她们也悄悄地写小说。诗作刚寄走，甚至显而易见，同样不会成功，三姐妹仍下定决心设法靠写作谋生。她们不再离家外出,不再离开无助的父亲,不再离开她们那个糟糕的布兰威尔。然而,花费不断增加而又没有收入,生活难以维系,未来也不确定。如果父亲的状况没有好转,如果他完全失明,得了重病,无法工作,那么她们真的会变得无家可归了。心里这样的预感和如此严酷的紧迫感,迫使她们努力再努力,就像一个个因受困而竭力想游上岸的人。她们中的两位,后来成为有影响的人物,闻名世界。新的世界荣耀只在她们死后才出现,她们"同勃朗宁夫人一起完美构成了英国著名女性作家的三位一体"。然而,当时她们很难想到这一点,而是沉重而疲倦地开始了创作生涯。

到了傍晚,三姐妹将手中的缝纫活放下,便开始写作了。她们围桌而坐,更经常的是,在房间里一圈又一圈地走着,就像她们在女子学校读书时那样,认真讨论她们作品的进展。然后确定章节划分、人物取名和情节发展,因此,每一个人都对其他人的作品有所助益。每次讨论之后,她们便会拿出纸来,修改和完善当天随手写下的东西。有一个多小时,没有一点动静,只能听见笔在纸上划擦的声音和外面疾风的呼啸声。

这样的写作卓有成效,进展迅速。几个月后,三姐妹都完成了自己的小说。夏洛蒂的《教师》是对比利时生活和人物的一种严肃而静心的研究。安妮的小说名字叫《艾格尼丝·格雷》,它叙述了一位家庭教师的磨炼。艾米莉的小说则大不相同,难以看出其中融进了她自己的经历。至少我们都知道这部小说的名字叫《呼啸山庄》。

这三部小说被寄走了,一开始成功的可能性看起来并不比她们在学校期间写过的东西或之前那部诗集大多少。一个又一个出版商拒绝了它们。然后,她们想,将这三部小说一起寄出也许不够聪明,因为其中有一部不成功也许会影响到出版商对其他作品的看法。于是,她们分别将三部小说寄出来试一下运气。然而,结果是一样的,一个月又一个月,收到的回复都是拒绝。

家里,烦心事仍不少。布兰威尔常常因疾病突然发作而卧床不起。勃朗特先生已完全失明。最后,7月底,艾米莉和夏洛蒂动身去了曼彻斯特,向一位眼科医生问诊。在那里,她们听说威尔逊先生是最好的眼科医生,便去找他,可结果是,只有在检查她们父亲的眼睛之后,医生才能给出正确的诊断。不过,这并未让她们灰心。她们回到霍沃思。她们至少听到了一位医生肯定地说,即使像她们父亲这样的高龄,手术也有可能成功。因此,8月底,夏洛蒂,作为主要陪伴父亲、离家最方便的人,把父亲带到了曼彻斯特。威尔逊先生说,他的眼睛可以做手术。于是这位老人和他的女儿在那里租房住了一个月。"我不知道艾米莉和安妮在家里如何同布兰威尔相处。"夏洛蒂说。她已习惯于领导这个小家了。

毫无疑问,她们很不容易。安妮无力抗争命运。她同布兰威尔在那个倒霉之家的不幸状态中待得太久了,尚未完全恢复过来。这个家庭的现状破坏了她们的未来。她变得越来越虚弱,"一个温顺的小姑娘",那么脆弱,无法适应自己那条崎岖而阴郁的生活之路。艾米莉怀着一颗破碎的心看着眼前发生的一切。烦恼团团包围了她。她父亲在曼彻斯特双目失明,她的哥哥在家拼命酗酒,她的妹妹一天比一天衰弱,面色苍白。不时地会有来信说,某某出版公司不喜欢《艾格尼丝·格雷》和《呼啸山庄》。

夏洛蒂在曼彻斯特过得也好不了多少。父亲做手术的那天,她收到了《教师》的退稿(她承受了也许是她最难以言说的打击)。手术摘除父亲的白内障时,她不得不待在自己的房间,给自己鼓劲。那天晚上,父亲待在他那个幽暗的房间里,不再与人交谈。也就在那天晚上,夏洛蒂开始动笔写《简·爱》。

她比勇敢的艾米莉还勇敢。艾米莉除了几首诗歌并没有给我们留下什么,而且这几首诗歌都是在《呼啸山庄》之后写的。然而,在霍沃思,夏洛蒂要做家务,需要忙里偷闲。在曼彻斯特,夏洛蒂发现,自己有闲暇之时,但不知该如何使用它,虽然不得不待在屋里,却并不忙碌,反而感到非常无聊。

到了 9 月底,勃朗特先生被告知恢复得不错。于是他和夏洛蒂动身回了霍沃思。这次回家她很开心,因为诸事有了转机,情况好于她离开霍沃思的那几个星期中曾有过的大胆预期。老人一天比一天健壮,他的视力也一点一点在恢复。他能够看见荒野绚丽的紫色了。艾米莉正处在烦扰不宁的成熟期,此时的荒野,在她看来,并不亚于她还是快乐淘气女孩子时的荒野。父亲也能够看见孩子们的脸庞,能够看到布兰威尔面部特征的可怕改变。他开始能读点东西了,虽然每次只能读很短的时间。到了 11 月,他已恢复得足以自己承担起三个主日礼拜的全部职责了。

此后不久,这个安静之家的三个成员有了更开心的事。她们得知,一家出版商接受了《艾格尼丝·格雷》和《呼啸山庄》的书稿。虽然接受了,但条件很苛刻。尽管如此,她们还是非常感激。为了写作,她们先将写过的但尚未被读过的东西搁置一旁。她们在一架无声的钢琴①上弹奏曲子。不管谁弹,大家都会欣然倾听。

---

① 无声钢琴,练指的一种钢琴。

第十四章 《呼啸山庄》溯源

Chapter XIV *Wuthering Heights* : Its Origin

一幢灰色而陈旧的牧师住宅远离尘世,矗立在风袭的山顶上的墓群之中。荒野环绕着附近的山头,荒凉一片。这是一个偏僻的地方,周围是半死不活的白蜡树和低矮的荆棘丛。一排排拥挤的、沉默的坟墓和一英里长的大片石南分别将世界隔在了两边。我们知道,这就是艾米莉的家。

　　双目失明、失去幻想的老父亲,过去脾气那么暴躁,如今由于上了年纪而变得安静多了。他通过一种真诚而忧伤的愤世嫉俗表现出自己对生活的失望。两个姐妹都很可爱。一个极具天赋,情感激越,曾做过家庭教师,但至今一事无成,默默无闻,却像家庭教师那样虽然内心热情,言谈举止却显得冷峻。另一个更加温柔,更加可爱,更加漂亮,然而却由于逐渐受到身边之人的委顿和恶习的影响,正慢慢地失去活力。一个哥哥,不能说不可爱,但是却为了一个他娶不了的情妇而激情受挫,由此将生活目的确定为今朝有酒今朝醉。这些就是艾米莉的家人。

　　艾米莉本人,我们知道,虽然缺少生活经历,却勇敢无畏,激情满怀,富于同情心。她在下面的诗句中对生活做了这样奇妙的总结:

　　征服了善,征服了恶。

她自己的境遇证明了这句格言的真实性。对于其他人的生活,她知之甚少。那么她该问谁?温和的艾伦似乎展现了另一个世界,她自己是不是也有许多烦恼?该去问那位助理牧师吗?可是她鄙视他,因为他太狭隘和死板。该去问那些除了有人患病、犯错或死亡才会叫她去帮忙和关照的村里人吗?可是在他们当中,她就没有一个认识的人。对这个世界,生活只为她提供了一种视野。她难以意识到还有其他自己还没见过的视野。

　　"我承认,"夏洛蒂说,"实际上艾米莉对生活在她周围的乡下人的了解并不比一个修女对经过修道院大门的乡人了解更多。我妹妹天性就不善于社交。环境养成了她那种离群索居的性格。除了去教堂或者去那山丘上散步外,她很少跨出门槛。尽管她对自己周围的人感觉亲切,却从不寻求与他们交流;也很少有这方面的经历。不过,她熟悉他们,熟悉他们的行为方式、语言和家族历史。她可以兴致勃勃地听人们讲他们,详细、生动和准确地谈论他们;然而她很少同他们说上一句话。因此,接下来可以看到,她心里对他们的真正关心也只限于他们身上那种悲剧性和可怕的特性,倾听每一个粗鲁的邻居的秘史。记忆有时不得不接受这种印象。她的想象力体现为一种阴郁多于阳光的精神,一种力量多于嬉戏的精神。她的想象力正是从这样的特质中发现了素材,也正是从这些素材中创造了像希斯克利夫、恩萧和凯瑟琳这样的人物。她虽然创造了这些人物,可她并不知道自己做了什么。如果审稿人读她的书稿时,因难以忍受冷酷无情的自然和失落沉沦的精神的影响而心中战栗,如果有人抱怨仅仅听了某些生动而可怕的场景便夜不能寐,昼不心安,那么埃利斯·贝尔便会不知所云,会怀疑那位抱怨者也太矫情了。要是她活得更久一些,她的思想会成长,就会像一棵强壮的树那样生长得更高、更直,树冠延展得更宽。它那成熟期的果实就会更醇美、更成熟、更鲜明、更丰富。然而,在她的思想里,只有个人的时光和经历在起作用,而没有受其他智者的影响。"

没有人能够完全脱离环境,也没有人能够独立于环境。但这一说法并不适用于艾米莉。在我们的想象中,她并不是一个富裕的女性继承人。她富于爱心又为人所爱,意气风发,甚至带有男孩子气。然而,她的幻想虽然有些漫不经心,但是充满了一种专属于她自己的非同寻常的光彩;据此我可以把艾米莉·勃朗特想象成夏洛蒂小说《雪莉》中的雪莉·吉尔达,只不过雪莉·吉尔达写不了《呼啸山庄》。倘若艾米莉·勃朗特离开了她的荒野、她的孤独、她的贫困、她的苦行,以及与她相伴的天赋、暴力和堕落,那么她将会呈现出另一种色彩,就像绣球花那样,依据土壤的性质,时而变红时而变蓝。她写的小说之所以能成为《呼啸山庄》,并非由于她对这个世界缺乏了解,也并非由于她缺乏经历,而恰恰是由于她那种有违常情的有限经历,这样的经历因她与众不同的气质而变得不同寻常,变得更加真切。她的想象同样受到自己生活环境的激发,安妮在写《威尔德菲尔庄园的房客》和夏洛蒂在写她的杰作《维莱特》时,其想象力的产生也是如此。然而,在不同的情况下,想象力具有不同的品质。经历影响着想象力,由此产生独特而不同的结果。这种结果不是由境遇的和谐性所产生,而是由境遇的矛盾性所产生。因为我们的环境从两方面影响着我们,就像用酒熏染水那样,从头到脚巧妙而持久地熏染着我们,或者通过由某种周围暴烈的反制力量,让我们尽可能远离包围我们的那种可恶的敌对存在。夏洛蒂熟悉牧师生活,这是她写《雪莉》的主要原因。《雪莉》讽刺性地颂扬了教会和主日学校的教师们。但是，艾米莉，虽然生活在相同的福音派牧师的环境中，却持反叛态度，被迫走上另一个极端。在那个无所不包的短语"广泛的教会"下，她将自己真实的想法掩蔽起来。尽管如此，我们还是能够从她的写作中看到，没有信仰，却强烈地信仰当下生命的用途和荣耀；没有爱，却深深地爱着土地——大地母亲和坟墓；从不渴求不朽，却对永恒的安息大加肯定。在她的作品中没有太多引人注目的说明，给人深刻印象的则是各种各样的警句，如"善因其善而为人所好，恶因其恶而为人所厌"，"公正也罢，不公正也罢，终会安息于坟墓"。

这个安静的牧师女儿总是听人说不奉国教者的邪恶，因此基于纯粹的勇气和反叛的正义，她本人也变成了一个不奉国教者。一个不信奉国教的人并不固守一种观念。自然本性从来漠视那种愚蠢而狭隘的守旧主张。这种自然本性更多见于那些具有对抗倾向的人当中。具有这样一种自然本性，义愤就是那种最经常打开发声之门的力量。揭露实际存在的邪恶和痛苦的那种冲动不可遏抑，尽管这种揭露本身确有不足。那么，约克郡牧师的这个缺乏经验的女儿要揭示什么呢？她要揭示：生活并不像权威描述的那样；唯有通过大自然缓慢运转进程才能征服的邪恶的力量，这个运转进程否定了悖逆的永存；遗传带来了无情而可怕的教训；只有有限，只有生活，对活着的人来说，除了履行生活行为，别无酬劳；所有生物，如石南树枝、歌唱的云雀、自信的儿童、无情的暴君等之间存在共生共存的密切关系。对她来说，尤其重要的是，死亡必不可免并能带来普遍安宁，而现在已处于死亡阴影之中。

这是一个来自这样一位传道者的福音,然而这一福音却是深深植根于艾米莉心灵深处的一种信仰,因为她无法认可霍沃思加尔文教徒那种严厉的实用主义的教义和狭隘的偏见。不过,这种加尔文主义却对她的思想产生了影响。她自称是那位具有宽容和关怀精神的弗雷德里克·莫里斯①的信徒,强烈地拒绝加尔文教义,通过写作挑战它的气焰和声势,这对通过我们宣传而留存于记忆的道德来说,是一种最让人宽心的慰藉。

不管怎样,环境的力量就体现了这样的双重性。这种对立的信仰,让她对信仰厌恶到了极致,但在摆脱它之前还是吸收了它的某些最严厉的原则。从这种奖惩的教义中,她了解到每一种未加抑制的邪恶倾向都会获得一种可怕的补偿。尽管她认真地将它置于地狱的火焰之中,但是却将它置于我们自己孩子们的邪恶本能之中。关于那种注定无可救药的罪孽和命中注定的毁灭的理论提醒她,邪恶的血统会引发玷污:疯狂之人的孩子易于疯狂,堕落之人的孩子易于堕落。有毒植物的种子萌芽后只会导致死亡和毁灭;要解决这一问题,需要连根拔除并进行消毒,或者明智地移植、耐心整枝。

因此,充满偏见的福音派的霍沃思造就了这位抗拒其他希伯来教条的女性,让她自己寻找潜在的真理并接受其全部意义。一直有评论指责她,对心怀报复的魔鬼式人物希斯克利夫,她丝毫没表现出应有的厌恶。她显示了他念念不忘自己自幼被遗弃海港的可疑身世——“一个印度水手的孩子或吉普赛人的孩子”。

---

① 弗雷德里克·莫里斯(Frederick Maurice,1805—1872),英国神学家,基督教社会主义者。

她记着,这个闯入他人家庭的流浪儿经受了太多的爱和恨,总是要同每一个男人交手。正因为记着这一点,她耐心容忍他那黑暗的灵魂和残酷的本能,就像容忍他那黝黑的皮肤和"没人能懂的乱语"一样。常言道,从蒺藜是收获不到葡萄的。

她似乎在说,期待邪恶父母生的孩子们按照他们的意愿不加帮助而能生长得挺拔而高贵,这是徒劳的。他们意志品质就像他们的眼睛和头发那样是继承而来的。希斯克利夫绝不是什么小魔头或小妖精,他只不过是某个半开化的水手的一个未经驯化、倒霉的孩子,暴躁而叛逆。他的自然性情实际上体现了对其前辈的罪恶的惩罚,因此我们怎么能让这个罪人对这种自然性情负责呢?即便如此,也还有其他因素。在艾米莉·勃朗特正直而虔敬的头脑中,她相信上帝是生命的源泉和灵魂,不可能会责难具有病态倾向的受害者,因为他们并非自己选择炼狱中的不息之火。不需要用炼狱,也不需要用不息之焰来净化希斯克利夫的罪孽。他在山坡上的坟墓边的草将会变得像其他地方的草那样绿,荒野中的羊将会发现芬芳的草地,石南和风信子蔓过一个婴儿的坟墓时将会变成相同的颜色。生命和罪与罚都以将死之人的死亡而结束。而后他将自己身上的重负甩到了别人的肩膀上,没有幻想毁了他的安息。

"我纳闷,有谁能想象得出在那平静的土地下面的长眠者竟会有并不平静的睡眠。"《呼啸山庄》最后一页就这样结束了。

有关由艾米莉·勃朗特推出的环境与性格冲突的生命和邪恶理论也就说到这里。众所周知,她碰巧有机会验证了这些理论。若非如此,她怎么可能写出《呼啸山庄》?这里所说的并不是故事和构想会通不过验证。毕竟在高地农庄的暴力历史中,没有什么比英格兰中部的许多设在榆树丛林中的中部庄园,比威尔士或康沃尔的许多粗犷的乡间宅邸更可怕。其中的故事,在人与人的关系方面,比恩萧一家纯粹的残酷暴力、疯狂与背叛、被不情愿地骗入一个有可能继承财产的愚蠢婚姻的女孩们的故事还令人痛苦,比严重的暴力的传说,比弃儿和荡妇的传说,比恐怖而持续不断的邪恶的传说,还令人痛苦。是谁让她自己的记忆中的隐秘之处藏着这样一个不易忘怀的传闻呢?艾米莉熟知过去一个多世纪有关霍沃思的民间传说,心里珍藏着 1798 年可怕的爱尔兰恐怖故事,以及压迫和悲惨的故事。艾米莉对所有这样的诡异传说了如指掌,很容易将不同的动机融合为一个整体,所以她虽然并不认识这些实际存在的人,但是却熟谙他们的历史。记不得了个人的方式、优势和对个人类型的偏爱,抓住并弄乱由于她的无知而更加完善的理论和构想。因此,她有足够的理由和创作力让自己如愿以偿。然而,这并非全部。

这就是这部小说的情节。然而为了通过一生中各种各样的经历让人物说话、行动、咆哮、生活、死亡,正如读者所深信的那样,这个人物行动过、活过和死了,那么至少需要许多性质多少有点类似的经历作为作者创作想象的基础,作为一种困惑和怀疑之时获得确定和恢复信心的储备。布兰威尔相当凄惨地坐在安妮身旁,为画亨利·亨廷顿的肖像做参照。他是为妹妹艾米莉做这件事的,的确不是作为一个模特,不是作为要复制的一个东西,而是作为一张比例图,根据这张比例图去权衡并以此为参照,以求正确的修饰和富于灵感的想法。威姆斯·里德先生(他非常熟悉勃朗特家的历史,并满怀善意地承认我对他帮助不小,可我自己却不敢领他的美意),这位颇具才华的批评家觉察到了在希斯克利夫的性格和布兰威尔·勃朗特的性格之间切实存在着相似性，这一点与艾米莉对布兰威尔的看法似乎相近。最好记住那首写小野兔的诗。"我承认，我看不到。在我看来，布兰威尔与其说像希斯克利夫，倒不如说他更像希斯克利夫的那个不幸的儿子。"在描写希斯克利夫对凯瑟琳那种粗暴的、受挫的爱情方面，艾米莉的确利用了她哥哥的痛苦体验，从里德未发表的一次演讲中所摘取的这一段文字足以说明这一点：

> 我敢肯定，艾米莉正是从她不得不陪伴这个迷惘和堕落的男人的经历中获取了许多观感。这些观感后来都传输到她的书页之中。不是有各种各样的批评家一遍又一遍地说《呼啸山庄》读起来像是鸦片吸食者的梦吗？从这里我们发现，在艾米莉写这本书期间，就在她身边有一个习以为常且堂而皇之的鸦片吸食者。我说过，或许《呼啸山庄》中最突出的部分就是描写凯瑟琳嫁人后希斯克利夫同她的关系。这几页所写的故事随处可见那个恶棍式的人物对夹在他和他所爱女人之间的那个男人的粗口和恼怒。类似的恼怒也见于布兰威尔·勃朗特在这一生活时期所写的信件。我们可以肯定，他在霍沃思的牧师住宅里走来走去，同样骂不离口，动辄发怒，近乎疯狂。不仅如此，我也发现了布兰威尔的用语同《呼啸山庄》的某些段落中的用语有着某些惊人的偶合。布兰威尔在他的一封信中有几句话提及他热恋的对象："没有她，我的生活将变成地狱。她那个病快快的可怜丈夫对她的所谓爱怎么比得上我的爱？就

他爱的软弱无力而言,他就是爱上八十年也不及我一天之爱。"

可以肯定,布兰威尔同《呼啸山庄》的写作关系密切。他就是艾米莉潜心写作的这本书中的一页。他从旁服务,就像服务于一位具有才情的艺术家那样忘我的服务。艾米莉正是根据他这块粗糙的花岗石磨砺出这部作品的,即使在磨砺过程中不得不容忍他的邪恶。毫无疑问,艾米莉从这里了解到了人类更加黑暗的秘密,而这种秘密,对于她悲剧的诅咒而言,是必不可少的。所有这一切都可用于她的写作。她兄长那种可怕的激情的爆发,就像她所热爱的荒野和她所追求的幻想那样,可用于她的写作。天才能够用奇异而神圣的魔杖从日常生活的泥淖中点石成金。令人敬畏的奇才则能够不断积累,不动声色地从最琐屑最悲惨的生活经验中获益,关注母亲听说自己儿子毁灭时的神情举止,捕捉被风吹动的白纱窗的影子抚摸我们看守的那张死人的脸,从众多的死亡、耻辱和失却中汲取生命,擅长表现我们最强烈的快乐和最痛苦的悲伤。艾米莉·勃朗特就是这样的天才。她从他兄长的耻辱中获得了硕果。

布兰威尔对写作《呼啸山庄》所起的作用也就这些了。不过,对有关这部小说的原创作者是布兰威尔的这种说法,不应置之不理。因为那些明知自己有误却有意保持沉默的人,让这类流言蜚语,就像落石下面肮脏的昆虫那样,繁衍生息。一个为所欲为的梦幻者在那里徒劳自夸,因吸鸦片而半颠半狂,因喝酒而似醉非醉,生存的唯一欲望就是不惜任何代价让人羡慕自己。那些喜爱他的人给予他太多的关注。他们宁可撒弥天大谎,也不愿道出一个既定的真实。像这样的人却在不断增加,因为总有一些人对艾米莉生活的真实状况一无所知,却认为,一个毫无生活阅历的女孩怎么可能描绘出这样的暴力场景,怎么可能描写出这么病态的激情?然而恰恰相反,正是因为如此,也只有一个缺乏个人经历的女孩才能以我们在《呼啸山庄》里所看到的那种无性的至纯来处理这样的素材。布兰威尔肆无忌惮地追求一个女人,却遭到这个女人和她丈夫的鄙视,然而他自己的回忆却让这段受挫的激情变得臭名昭著、卑鄙无耻。而《呼啸山庄》中的那种纯度,就像抛光的钢,比冰还冷还硬,自由地写爱恨情仇,就像婴儿对灿烂火焰的爱那般无所畏惧。这种纯度和自由度只能属于这样一种人,天赋越高强,经历越有限。这种经历不仅受限于环境,也受限于一种对任何激情无动于衷的天性。具有这种天性的人早在记忆和呼吸意识产生之前便自然而然地开始了对自己的家和家人的爱。

读过艾米莉的诗歌和布兰威尔的诗歌残篇和书信的批评家不会相信,像布兰威尔这样一个烦恼不安和喋喋不休的浪子能够写出这样一部经久不衰、充满激情、影响深远的艺术作品。因为无论从哪方面来说,艾米莉那种简洁、热烈、富于想象力的风格都与布兰威尔的那种贫弱、凌乱、时而粗俗时而优美的风格相去甚远。的确,现在尚不足以证明艾米莉能够写出《呼啸山庄》,但是至少可以证明她的作品充满了激情、强度和狂放的想象。从布兰威尔最漂亮的句子中所产生的粗鄙和俗丽绝无可能染指这部杰作。既然《呼啸山庄》从头至尾看不到一句粗俗、陈腐的话或米考伯式的滔滔不绝,既然根本没有一次像布兰威尔描述自己感受时所采用的那种卑劣的世俗方式来写希斯克利夫的激情,既然写《呼啸山庄》时布兰威尔承认自己身体状况太差无法从事文学写作,那么我们可以得出结论,这本书不是布兰威尔所写。

另一方面,我们不仅能在《呼啸山庄》和埃利斯·贝尔的诗歌中找到这种相似性的证据,而且夏洛蒂·勃朗特明确而反复地断言,她从未想过这本书有可能是她弟弟写的;出版商同埃利斯·贝尔签署出版协议的证据;用人玛莎目睹女主人写这本书的证据,都说明本书非布兰威尔所写。对于那些欣赏艾米莉·勃朗特性格的人来说,最令人信服的事实是,一个具有如此坦荡正直、如此淡漠名声的精神的女性绝不可能如此造假,将此书窃为己有。

的确,这种卑劣的谣传毫无根据,因此批驳它似乎显得有些滑稽,不过有时冒一下这样的滑稽之险也不失为明智之举。久未受到伤害的小昆虫也许最后会变成危险的敌人。它们安全牢靠地依附在粗壮的藤蔓上,对藤蔓造成不可挽回的损害。

我们已经提过对艾米莉的这部杰作有利的三个情境——她家的邻里关系、她的性情特征和她经历的特性。除这三点外,有必要再补充一点,虽然这点不及前三点那么重要,但并非绝对不重要。这就是她熟悉德国文学,尤其是熟悉霍夫曼的小说。在艾米莉的时代,传奇和德国文学同样重要。的确,在伦敦,在散文方面,德国的影响正在消失,然而在遥远的霍沃思,在司各特、骚塞尤其是柯勒律治这样一些诗人的写作中仍影响深远,而艾米莉的诗歌同他们的诗歌有着相当明显的密切关系。至于意大利的物本主义者,无神论者雪莱,大胆的现实主义者拜伦,感性的济慈的影响,在那个遥远的牧师住宅,她倒是接触不多。即便她知道他们,他们也有可能对她这样一种只会接受志趣相投之人影响的性情不会留下什么印象。萨克雷,她姐姐心目中的英雄,在艾米莉的写作中没有留下任何痕迹。在她的作品中,丝毫没有提及她生活中最重要的时期、英格兰中部更茂盛的田野和更高大的榆树的景象、繁忙的大伦敦的掠影、河上的夜影,以及滑到桅杆后穿过薄雾和炊烟的硕大的太阳;在这样的景象中,房屋、桥梁和船只都变得影影绰绰,模糊不清。丝毫没有这方面的暗示,没有大海,也没有比利时,只有奇特的异域生活。也没有埃热先生认真强加于她的那种法式风格和方法,而这种法式风格和方法明显地铸就了她姐姐的写作艺术。然而她在霍沃思写作期间,我们瞧见了她坐在炉前地毯上,胳臂搂着"吉普"的脖子,在读一本德语书,她在厨房做面包时也不时瞧一下那本书,而那本精心挑选的书就放在她面前。根据她阅读那部小说在草纸上所做的笔记,我知道,对她而言,学习德语,就像学习法语和音乐那样,不只是做家庭教师的必须,而且也是一种影响,这种影响深入了她的大脑,铸就了她的思维模式。

尽管用前言来说明艾米莉·勃朗特的天赋及其产生的条件是必要的,但是再说多也没有什么用处。如果不把她的生活境遇呈现于读者脑海之中,我的写作目的就会被忽略。要做到这一点太迟了,只能列举它们并扼要地指出它们的重要性。面对这样一部活生生的作品,这样的批评非常像是在一张地图上欣赏一个绿色而美丽的乡村,你也许真能确定通往和离开那个地方的道路和那个地方及周边区域的大小,然而却无法与我们身临其境时感受相提并论,其实,这样的批评忘却了那个地方的鲜明生动,也忽视了它的美。因此,让我们结束理论转向这本书吧,我们这位女中豪杰的名声正是立足于这本书而面对不朽的。也许正是这样,解析这部小说的故事,评论她脑海里性格与环境的实际存在,我们可以暂时对这部小说有一种更完整、更清楚的洞悉,而只通过外部证据对其进行批评,即使是最全面的研究和最真诚、最富同理心的评论,也难以达到这样洞悉的程度。

第十五章 《呼啸山庄》的故事

Chapter XV *Wuthering Heights* : The Story

在霍沃思山顶,在街道的那边,矗立着一栋用灰岩石砌成的房屋,它就是呼啸山庄的原型。房屋前面几棵细弱的白蜡树逆风而立,山背面荒野凸起,延绵而去数英里。这栋房子并非一般的建筑,它曾为格里姆肖的牧师住宅。格里姆肖是卫斯理公会的一个牧师,非常强势。到了礼拜天上午,他常常手握鞭子光顾"黑牛客栈",鞭打在那里寻欢作乐的人,将他们赶进教堂听他布道。较之从前,这栋房子现在有点衰落了,变成了一家农舍,如同《呼啸山庄》里所描写的那样,房内是木板装饰的内壁和石头铺成的地面。越过大门,能够看到几个雕刻的文字,即"H.E.1659",与"哈里顿·恩萧.1500"非常相似,但是那"残破的怪兽和不知羞的小男孩"却无从看到。我们也看不到,"从房屋那头有几棵矮小的枞树过度倾斜,还有那一排瘦削的荆棘都向着一个方向伸展枝条,仿佛在向太阳乞讨温暖"。依我看,这个漂亮的索登斯老农庄离霍沃思太近了,不过几英里远,难以体现艾米莉幻想中的那栋被上帝抛弃的、偏远的房子。看到这个地方,读者不由回想起那个令人印象深刻的事实,即在夏洛蒂的小说中,每一个人物和每一个地址都能清楚地被识别,而艾米莉笔下的人物则是她的想象力和推断力独有的产物。这并不是说,她的创作毫无根据。假如她没见过索登斯农庄和许多这样的房子,她就不会虚构出呼啸山庄来。布兰威尔的故事和激情激发了她的幻想,让她想象出了多少有点相似的希斯克利夫的故事和激情。但是在她创作的过程中，她的创造性完全压倒了诱使她开始创作的事实和记忆。这些事实和记忆只不过是她用来创造人物的一抔尘土。我们知道，她创作的人物是不能通过任何肖像的描绘加以修改的，她的杰作的品质和不足都可以说明这一点。

因此，我们不得不讨论《呼啸山庄》中的故事和幻想的图画。虽然画面和比例并不自然，但肯定不是道法自然的描绘。这里引用一下她姐姐的一段精彩评论：

> 《呼啸山庄》是在一个原始的工作间用简单的工具和一般的材料砍削而成的。这位雕塑家在孤独的荒野中发现了一块花岗岩石。她凝视着这块石头，看看如何将它雕琢成一个野蛮、黝黑而凶险的头像，用至少一种宏伟的力量元素将它铸就成形体。她用一把粗陋的凿子进行雕刻，不是依据模特，而是依据她冥想中的幻象。经过一段时间的劳作，那块石头呈现为人的形状。它就立在那里，是一个黑色的、眉头紧皱的、半是雕像半是岩石的庞然大物，一方面让人感到鬼似的可怕，另一方面又几乎让人觉得美，因为它的色彩是柔和的灰色，荒野中的苔藓裹着它。鲜花绽放、芳香四溢的石南忠诚地紧靠着这个巨人的脚生长。

有关那把粗陋的凿子，我们在小说的前几章里发现了许多线索。叙述的安排极其笨拙，先让洛克伍德先生出场。洛克伍德是一个来英格兰北部的陌生人，一个虚构的厌世者。他把荒野上的一个山庄作为避世的地方,后来与女佣一起消磨冬天漫长的闲暇时间。但是越过这个笨拙的开始,我们也发现了一种精妙的写法。我们并不赞同夏洛蒂上述生动的比喻,因为我们看到了一些精妙而细致的描绘,也许只有老手才敢如此下笔。在这部作品中,不仅有那种"鬼似的可怕"感觉,也有那种耐心和坚持、活泼和温柔、强烈和激越的情感。我们发现,在克服了缺乏经验的开始之后,这部作品的风格是宏伟而成熟的。远不是一个半是雕刻的偶发幻想之物、一个坐落在石座上的头像,这部作品的构想是经过深思熟虑的,具有科学的精确性,没有混淆不清的线索,没有被遗忘的情节。这是一部激昂、富有诗意的作品,其中的幻象是那么生动,协调一致,贯穿始终。

《呼啸山庄》前四章仅仅属于介绍性部分。这几章讲述了洛克伍德先生访问呼啸山庄时,为那个地方的粗鲁无礼,为希斯克利夫先生和他那个漂亮儿媳妇古怪的待人接物方式感到震惊。他也注意到这栋房子里的每一个人神情阴郁,脾气不好。遇上了暴风雪,他不得不在那里过夜。那个女管家把他带到一个久未居住的旧房间。在那里(最初他睡不着觉),为了消遣,他便翻阅堆放在窗台一个角落的发霉了的几本书。这些书和窗台上有一些潦草的字迹:凯瑟琳·恩萧,有的地方又改成了凯瑟琳·希斯克利夫,跟着又是凯瑟琳·林惇。窗台上只写了这三个名字,但是书的每页的空白处都写满了评注,像是日记,显然出自小孩子之手,写得乱七八糟。那天夜里,洛克伍德先生先是花了一段时间辨认这种褪色的笔迹。上面写的是一个又一个不幸事件和缺憾,日期可追溯到二十多年前。显然,这个凯瑟琳·恩萧应该是希斯克利夫的亲戚之一,因为希斯克利夫在作品中是作为她的恶友和她哥哥施怒的对象出现的。过了一段时间,洛克伍德先是睡着了,却被乱七八糟的梦侵扰着。在其中的一个梦中,他梦见了还是孩子的凯瑟琳·恩萧,更准确地说,她的灵魂在敲打和刮擦那个破损了的枞木窗格,恳求让她进去。洛克伍德先生被这可怕的梦魇所惊吓,在睡梦中大声惊叫起来。他突然醒了。令他不解的是,他发现自己的惊叫被人听到了,因为希斯克利夫出现了,他大为恼火,怎么能允许任何人睡在这个摆放着橡木衣柜的房间?

"要是那个小妖精从窗外爬进来,她大概就会把我掐死的!"我回嘴说。……"凯瑟琳·林惇,或是恩萧,不管她姓什么——她一定是个容易变心的——恶毒的小灵魂! 她告诉我这二十年来她就在地面上流浪——我不怀疑,她真是罪有应得啊!"

话音未落,我立刻想起那本书上希斯克利夫与凯瑟琳两个名字的联系,这点我完全忘了,这时才醒过来。我为我的粗心脸红,可是,为了表示我并未觉察到我的冒失,我赶紧加了一句:"事实是,先生,前半夜我在——"说到这儿我又顿了顿——我差点说出"阅读那些旧书",那就表明我不但知道书中印刷的内容,也知道那些用笔写出的内容了。因此,我纠正自己,这样往下说——"在拼读刻在窗台上的名字。一种很单调的工作,打算使我睡着,像数数似的,或是——""你这样对我滔滔不绝,到底是什么意思?"希斯克利夫大吼一声,蛮性发作,"怎么——你怎么敢在我的家里? ——天啊!他这样说话必是发疯啦!"他愤怒地敲着自己的额头。

我不知道是跟他抬杠好，还是继续解释好。可是他仿佛大受震动，我都可怜他了，于是继续说我的梦……希斯克利夫在我说话的时候，慢慢地往床后靠，最后坐下来，差不多是在后面隐藏起来了。但是，听他那不规则的上气不接下气的呼吸，我猜想他是在拼命克制过分强烈的情感。我不想让他看出我已觉察出了他处在矛盾中，就继续梳洗，发出很大的声响，又看看我的表，自言自语地抱怨夜在长。"还没到三点钟哪！我本来想发誓说已经六点了，时间在这儿停滞不动啦：我们一定是八点钟就睡了！"

　　"在冬天总是九点睡，总是四点起床。"主人说，压住一声呻吟。看他胳臂的影子的动作，我猜想他刚从眼里抹去一滴眼泪。"洛克伍德先生，"他又说，"你可以到我屋里去。你这么早下楼……拿着蜡烛，你爱去哪儿就去吧。我就来找你。不过，别到院子里去，狗都没拴住。大厅里——朱诺在那儿站岗，还有——不，你只能在楼梯和过道那儿溜达。你去吧！我过两分钟就来。"

　　我照他说的离开了这间卧室。当时不知道那狭窄的小屋通到哪里，就只好还站在那儿，不料却无意看见主人做出一种迷信的动作，这很奇怪，看来他不过是表面上有头脑罢了。他上了床，一边开窗，一边涌出压抑不住的热泪。"进来吧！进来吧！"他抽泣着。"凯蒂，来吧！啊，来呀——再来一次！啊！我的心爱的！这回听我的话吧，凯蒂，最后一次！"幽灵显示出幽灵素有的反复无常，它偏偏不来！只有风雪猛烈地急速吹过，甚至吹到我站的地方，而且吹灭了蜡烛。

在这突然涌出的悲哀中，竟有这样的痛苦伴随着这段发狂的话，以致我对他的怜悯之情使我忽视了他举止的愚蠢。我避开了，一面由于自己听到了他这番话而暗自生气，一面又因自己诉说了我那荒唐的噩梦而烦躁不安，因为就是那梦使我产生了这种悲恸。至于为什么会产生，我就不懂了。

洛克伍德先生对呼啸山庄的神秘没有获得任何线索。后来，他回到了画眉山庄，病倒了，持续不断地发烧。养病期间，他从女管家那里听说了希斯克利夫的过去。这个女管家曾在呼啸山庄做女佣，之后许多年一直是画眉山庄的管家，年轻的希斯克利夫太太过去就住在画眉山庄，那时她叫凯瑟琳·林惇。

"有关希斯克利夫先生的经历，你多少知道一些吧?"洛克伍德先生对管家耐莉·丁说。
"他就是一只布谷鸟①，先生，"她回答道。

正是从这一点开始了呼啸山庄的历史，开始了"那个小黑家伙所经历的充满暴力和痛苦的历史；他因得到一位善人的庇护而倒霉"。这位善人把他带进自己的家里，正如柯勒律治的诗歌《克丽斯特贝尔》中克丽斯特贝尔由于同情虚弱的杰拉尔丁而带走了她那样；后者变得很强之后，却变成了恶魔。把杰尔拉丁带进自

---

① 布谷鸟是父亲代为孵化和养育的。

己家的同时,克丽斯特贝尔也把恶魔带了进来,它本来毫无力量,只不过是被不由自主地带入;不过,进入的并不真的是恶魔,而是一颗遗失了的,被暴政、不公和毁灭的天性所损害的人类灵魂。《呼啸山庄》的故事就是希斯克利夫的故事。它一开始就写老乡绅恩萧先生在夏收开始的一个早晨突然出门去利物浦。他要为每一个孩子挑回一件礼物,"只是礼物要小一点,因为我要步行去那里再回来,单趟就有六十英里"。儿子辛德雷十四岁,傲慢,精神十足,挑了一把小提琴;十六岁的凯蒂,挑了一根马鞭,因为她能够骑马厩里的任何一匹马;他们卑微的玩伴和跑差耐莉·丁则被允诺带给她一口袋苹果和梨。恩萧先生走后的第三天晚上,又困又乏的孩子们恳请母亲不要让他们睡觉,让他们再多待一会儿,以便欢迎父亲回来,看一下他带给他们的新礼物。最后,大约在 11 点,恩萧先生抱着大衣回来了,尽管笑容满面,却气喘吁吁,累得不轻。他摊开大衣,大声喊道:

"瞧这儿,太太! 我一辈子没有被任何东西搞得这么狼狈过,可是你一定得当作是上帝赐的礼物来接受,虽然他黑得简直像从魔鬼那儿来的。"

我们围拢来,我从凯蒂小姐的头上望过去,窥见一个肮脏的,穿得破破烂烂的黑头发的孩子。挺大了,该能走能说了。的确,他望上去比凯瑟琳还显得年龄大些。可是,让他站在地上的时候,他只会四下呆望,叽里咕噜地尽重复一些没有人能懂的话。我很害怕,恩萧夫人打算把他丢出门外。她可真跳起来了,质问恩萧先生怎么想得出把那个野孩子带到家来,自己的孩子已够他们抚养的了。他到底打算怎么办，是不是疯了？主人想把事情解释一下，可是他真的累得半死。我在她的责骂声中，只能听出来是这么一回事：他在利物浦的大街上看见这孩子快要饿死了，无家可归，又像哑巴一样。他就把他带着，打听是谁的孩子。他说，没有一个人知道他是谁家的孩子。他的钱和时间又都有限，想想还不如马上把他带回家，总比在那儿白白浪费时间好些，因为他已经决定，既然发现了他就不能不管。

就这样，这孩子进了呼啸山庄，成为从一开始就引起这个家庭不和睦的缘由。恩萧太太抱怨一番，无奈也只好安静下来。孩子们哭着上床睡觉去了，因为那把小提琴破了，那根马鞭因恩萧先生在旅途奔波中照顾那个陌生孩子而弄丢了。然而，恩萧先生决心让这个孩子得到应有的尊重。他给了无礼的小凯蒂一记耳光，因为她对这个新来者以恶脸相对；他把耐莉·丁赶出了家门，因为孩子们不愿让这个孩子上他们的床，耐莉让他睡在楼梯上。几天后当她鼓足勇气回来时，她发现这个孩子已经被这个家庭收养了，并被取了恩萧先生夭折的那个儿子的名字——希斯克利夫。

尽管如此，在这个家里，他并没有得到令人羡慕的地位。凯蒂的确对他很亲热，恩萧先生也出奇地喜欢他，相信他说的每一句话，"因为他很少开口说话，要说话一般都说实话"；然而恩萧太太讨厌这个闯入她家的小家伙，当恨他的辛德雷殴打这个阴沉和坚韧的孩子时，她从未替希斯克利夫说过一句话。面对辛德雷的殴打，这孩子从不抱怨，只是默默地忍受着他的拳头。老恩萧发现儿子如此虐待这个孤儿,而这孩子则逆来顺受,这让他大为恼火。这孩子发现这不失为一种有效的复仇手段。

我记得有一次恩萧先生在教区的市集上买来一对小马,给男孩子们一人一匹。希斯克利夫挑了更漂亮的那匹,可是不久它跛了。当他发现后,就对辛德雷说:"你非跟我换马不可。我不喜欢我的了。你要是不肯,我就告诉你父亲,你这星期抽过我三次,我还要把我的胳臂给他看,一直青到肩膀上呢。"辛德雷伸出舌头,又打他耳光。"你最好马上换,"他坚持着,逃到门廊上(他们是在马厩里)又坚持说,"你非换不可,要是我说出来后你打我,你可要连本带利挨一顿。""滚开,狗!"辛德雷大叫,用一个称土豆和稻草的秤砣吓唬他。"扔吧,"他回答,站着不动,"我要告诉他你怎么吹牛说等他一死你就要把我赶出门,看他会不会马上把你赶出去。"辛德雷真扔了,打在他的胸上,他倒下去,可又马上踉跄地站起来,气也喘不过来,脸也白了。要不是我去阻止,他真要去主人跟前了。只要把他当时的情况说明白,说出是谁惹的事,那就会完全报了这个仇。"吉普赛人,那就把我的马拿去吧,"小恩萧说,"我但愿这匹马会让你把脖子跌断。把它拿去,该死的,你这讨饭的碍事的人,把我父亲所有的东西都骗去吧。只是以后可别叫他看出你是什么东西,小魔鬼。记住:我希望它踢出你的脑浆!"

希斯克利夫去解马缰,把它领到自己的马厩里去。他正走过马的身后,辛德雷结束他的咒骂,把他打倒在马蹄下，也没有停下来查看一下他是否已如愿，就尽快地跑掉了。我惊奇地看见，这孩子却冷静地挣扎起来，继续做他要做的事：换马鞍子，等等。然后在他进屋前先坐在一堆稻草上，压制住这重重的一拳所引起的恶心。我劝他把那些伤痕归罪于马：他既然已经得到他所要的，扯点瞎话他也不在乎。的确他很少拿这类风波去告状，我真的以为他是个没有报仇心的人。我是完全受骗了，以后你就会知道的。

这种裂痕于是不断加剧。这个孩子心怀恶意，从不抱怨，外观是外国人的皮肤，内看是东方人的灵魂，在约克郡这样的家里，只能培养他的恶劣脾性。他从本能上就理解不了英国人的荣誉观念。他很快占据了优势。他坚忍、狡猾，就像一个怀恨在心的奴隶，心里暗暗地酝酿着复仇计划，直到最后如愿以偿。他很真诚，也很勇敢，让自己在另外一种氛围中变得高贵，但是他那种纠结于心、不正当的复仇已形成一种嗜好。他似乎不知感激，具有东方人那种非理性的傲慢、冷酷无情、情感激烈。不过在这颗黑暗而阴郁的心里还有那么点柔情之处，这就是对甜美而淘气的凯瑟琳所怀有的那种超凡而宽容的爱。然而，这样一种情感只有助于加深他对这个家所造成的伤害。他离间了父子关系和夫妻关系，现在又彻底割断了兄妹关系，因为辛德雷讨厌这个皮肤黝黑的男孩，而这个男孩却成为凯蒂最喜爱的人。希斯克利夫进入这个家的两年后，恩萧太太死了。辛德雷从心里已经把父亲当成压迫者而不是朋友，把希斯克利夫视为难以容忍的僭取者。因此，从一开始，他就在这个家里引起了反感。

过了一段时间,恩萧先生的身体开始垮了,突然间感到虚弱无力,变得像一个半大孩子,好发脾气,特别在意自己的权威。在他看来,要是有人对希斯克利夫表现出轻蔑态度,那就是对他的权威表示轻蔑。因此,为了迎合主人这一弱点,当主人在场的时候,大家顺从和迎合这孩子,但是在他背后,那积蓄已久的仇恨之火却并未熄灭。希斯克利夫变得对人充满仇恨和怀疑。难以驯服的辛德雷被送去读大学之后的一段时间,情况稍有改善,可烦恼和不安依然存在,因为恩萧先生不爱他的女儿凯瑟琳,仆人老约瑟夫的抱怨和不满也加剧了他的烦恼。这个令人讨厌的、"自以为是的法利赛人翻遍了圣经,结果是把恩赐留给了自己,把诅咒丢给了邻人"。凯瑟琳,尽管有时也轻蔑地对待希斯克利夫,但却总是因他的缘故而招来麻烦。她太喜欢他了,并无嫉妒之意。"我对她最重的惩罚就是让她同希斯克利夫分开。……当然,凯瑟琳有些怪脾气,那是我在别的孩子身上从未见到过的。她在一天内能让我们所有的人失去耐心不止五十次,从下楼起直到上床睡觉为止,她总是在淘气,搅得我们一刻都不得安宁。她总是兴高采烈,舌头动个不停——唱呀,笑呀,谁不附和着她,就纠缠不休,真是个又野又坏的小姑娘。可是在教区内她有最漂亮的眼睛,最甜蜜的微笑,最轻巧的步子。话说回来,我相信她并没有恶意,因为她一旦把你真惹哭了,就很少不陪着你哭,而且使你不得不静下来再去安慰她。她非常喜欢希斯克利夫。我们如果真要惩罚她,最厉害的一招就是把他俩分开,可是为了他,她比我们挨更多的骂。在玩的时候,她特别喜欢当小主妇,任性地做这个那个,而且对同伴们发号施令。"

这个漂亮、淘气的小精灵突然失去了父亲。十月的一个晚上,恩萧先生坐在炉边的椅子上安静地死去了。已是二十岁年轻人的辛德雷回来参加葬礼,让家人惊讶的是,他还带来了一个妻子。突然出现在家人面前的小姑娘,身材瘦削,眼睛明亮,面颊红晕不时变化,兴奋多动,充满幻想,且性情变化无常,就像风一样,时而轻狂,充满溢美之词,笑声不断,时而怒气冲冲,痛苦不堪。在其他人看来,她就是她丈夫由衷崇拜的偶像。她顺口说出的一句不喜欢希斯克利夫的话都足以重新燃起这个年轻的恩萧以前对这个小黑孩的全部仇恨。希斯克利夫被逐出了他们的生活圈,他不能再同凯一起听课,又被贬为普通的农庄仆人。最初,希斯克利夫并不介意。凯蒂将自己听课的内容教给他,同他一起在野地里玩耍和干活。凯蒂同他到处跑,分担他的困苦。看起来他们会像一对小野人一样在一起成长,而辛德雷·恩萧则亲吻和爱抚他那个年轻的妻子,完全不顾他们的命运。

　　一次冒险经历突然改变了他们的生活轨迹。一个周日的晚上,凯蒂和希斯克利夫跑到了画眉山庄,从一扇窗户往里偷看,目睹了小林惇过周日的情景。他们往里面瞧,看见伊莎贝拉在辉煌的客厅一头,面对他们,埃德加则在客厅另一头,两人都眼泪汪汪,怒气冲冲地争吵。这两个来自呼啸山庄的野孩子看到他们的邻居吵架的情景是那么得意,忍不住"噗"地大声笑了起来。小林惇受到了惊吓。为了继续吓唬他们,凯蒂和希斯克利夫把鼻子贴在玻璃上做出各种各样的鬼脸。他们不仅吓坏了孩子们,同时也吓坏了他们愚蠢的父母。他们想象,那叫喊声来自一伙打算入室抢劫的夜贼。正是因为这种想法,他们放开了狗。那只斗牛犬咬住了凯蒂赤裸的脚踝,因为她在沼泽地里掉了鞋。希斯克利夫吼叫着设法吓跑那只畜生,就在那时,一个男佣赶到了,抓住了他们俩,将他们像犯人一样带到了那个明亮的大厅。让林惇一家感到难堪和惊讶的是,这个跛脚的野孩子竟然是恩萧小姐。而她的那个行为不端的同伙,"一定是我那已故的邻人去利物浦旅行时带回来的那个奇怪的收获——一个东印度小水手,或是一个美洲人或西班牙人的弃儿"。

凯蒂在画眉山庄住了五个星期,她的脚踝已痊愈,举止也大有改善。在此期间,年轻的林惇太太常去看她,采取一种聪明的做法,试着用漂亮的衣服和奉承话来提升凯蒂的自尊。凯蒂回家后,变成了一位楚楚动人、服饰华丽的年轻小姐,去找处境恶劣的希斯克利夫。他现在只不过是一个农庄的仆人,由于在泥土里干了三个月的活,衣服肮脏,头发蓬乱,脸和手污秽不堪。

"希斯克利夫,你可以走过来,"辛德雷先生喊着,看到他的狼狈相很高兴,望着他不得不以一个可憎厌的小流氓的模样出场而心满意足,"你可以过来,像那些用人一样欢迎凯瑟琳小姐。"凯蒂一瞅见她的朋友藏在那儿,便飞奔过去拥抱他。她在一秒钟内在他脸上亲了七八下,然后停住了,往后退,放声大笑,嚷道:"怎么啦,你满脸的不高兴! 多可笑又可怕呀! 可那是因为我看惯了埃德加和伊莎贝拉·林惇啦。"

"好呀,希斯克利夫,你把我忘了吗?""握下手吧,希斯克利夫,"恩萧先生大模大样地说,"偶尔一次,是允许的。"

"我不,"这男孩终于开口了,"我可受不了让人笑话。我受不了!"

从这时起,希斯克利夫时断时续的嫉妒和凯瑟琳时断时续的嫌恶毁了他们之间的友情。正是由于他们关系的这种不幸转折及其带来的异乎寻常的残忍感受,希斯克利夫渴望报复辛德雷·恩萧。与此同时,埃德加·林惇让凯瑟琳弄得神魂颠倒,不时访问呼啸山庄。他本可以更频繁地去那里,但是他害怕辛德雷·恩萧的名字,怕碰见他。

这个又好看又年轻的牛津大学毕业生,这位傲慢的年轻丈夫正陷入比他野蛮的祖先还要糟糕的放荡生活之中。一种目空一切的悲伤让他陷入绝望。在凯瑟琳访问画眉山庄之后的那个夏天,他唯一的儿子和继承人出生了。这样一个大喜的日子却被突如其来的变故给毁了。他的妻子,也是他的偶像,被发现患上肺痨,病情迅速恶化。辛德雷不敢相信。他妻子始终保持着精神头。但是,一天夜里,她靠在丈夫的肩头,突然一阵轻微的咳嗽发作。她双手搂住他的脖子,脸色大变。她死了。

辛德雷变得越来越绝望,同那些野友混在一起,纵情声色,凶狠专横。"他对希斯克利夫的做法足以让圣人变成魔鬼。"希斯克利夫咬着牙坚忍着,就像他小时候忍受别人拳打脚踢那样,将这种坚忍变成一种夺取优势的杠杆。他身体的痛苦和欲望被内心的一种强烈快感所补偿,因为从辛德雷的堕落中,他看到了自己复仇的撒手锏。

随着时间的推移,这个吉卜赛用人和他那个年轻女主人之间的差异更加显著。渐渐地,这一对非比寻常的朋友疏远了,这尤其在希斯克利夫心里留下了一种深仇大恨。这种仇恨指向了故意让他配不上凯瑟琳和其他人的那个人。

埃德加·林惇迷上了呼啸山庄那个淘气顽皮的年轻美人。她那种火爆脾气并没有让他望而却步,可是他自己的性格却是异常亲和、软弱。凯蒂同她交往就像对小希斯克利夫那样粗野,埃德加对此表现出迁就和妥协,不过这种烦恼微不足道,容易化解。当他父母因照顾凯蒂而死于热病时,他并未因她带来悲伤而减少对她的爱。这是她在绝望中故意造成的一次热病,显示了她突然对生命感到厌倦。一天晚上,漂亮的凯蒂来到厨房告诉耐莉,她已经决定嫁给埃德加·林惇。当时希斯克利夫正坐在靠墙的高背长椅的另一端,她们因在炉边而看不到他。

凯蒂对这桩婚事非常得意,但是一点也不快乐。埃德加富有、英俊、年轻、温和,而且满怀激情地爱着她,可她还是觉得不幸。耐莉·丁当时正在炉火边看护婴儿哈里顿,对她的这种古怪的不满失去了耐心:

"你哥哥会高兴的,那位老太太和老先生也不会反对。我想,你将从一个乱糟糟的、不舒服的家庭逃脱,走进一个富裕的体面人家。而且你爱埃德加,埃德加也爱你。一切看起来顺心如意——障碍又在哪儿呢?"

"在这里,在这里!"凯瑟琳回答,一只手捶前额,一只手捶胸,"在凡是灵魂存在的地方——在我的灵魂里,而且在我的心里,我感到我是错了!"

"那是非常奇怪的!我可不懂。"

"那是我的秘密。可要是你不嘲笑我,我就要解释一下了。我不能说得很清楚——但我要让你感觉到我是怎样感觉的。"

她又在我旁边坐下来，她的神气变得更忧伤、更严肃，她紧攥着的手在颤抖。

"耐莉，你从来没有做过稀奇古怪的梦吗？"她想了几分钟后，忽然说。

"有时候做。"我回答。

"我也是的。我这辈子做过的梦有些会在梦过以后永远留下来跟我在一起，而且还会改变我的心意。这些梦在我心里穿过来穿过去，好像酒流在水里一样，改变了我心上的颜色。这是一个——我要讲了——但你可别对随便什么话都笑。"

"啊，别说啦，凯瑟琳小姐！"我叫着，"用不着招神现鬼来缠我们，我们已够惨的啦。来，来，高兴起来，像你本来的样子！看看小哈里顿——他梦中想不到什么伤心事。他在睡眠中笑得多甜啊！"

"是的，他父亲在寂寞无聊时也诅咒得多甜！我敢说，你还记得他和那个小胖东西一样的时候——差不多一样地小而天真。可是，耐莉，我要请你听着——并不长；而我今天晚上也高兴不起来。"

"我不要听，我不要听！"我赶紧反复说着。

那时候我很迷信梦，现在也还是。凯瑟琳脸上又有一种异常的愁容，这使我害怕她的梦会使我感到什么预兆，使我预见一件可怕的灾祸。她很苦恼，可是她没有接着讲下去。停一会她又开始说了，显然是另拣一个题目。

"如果我在天堂，耐莉，我一定会非常凄惨。"

"因为你不配到那儿去,"我回答,"所有的罪人在天堂里都会凄惨的。"

"可不是为了那个。我有一次梦见我在那儿了。"

"我告诉你我不要听你的梦,凯瑟琳小姐!我要上床睡觉啦。"我又打断了她。她笑了,按着我坐下来,因为我要离开椅子走了。

"这并没有什么呀,"她叫着,"我只是要说天堂并不像我的家。我哭得很伤心,要回到尘世上来。而天使们大为愤怒,就把我扔到呼啸山庄的草原中间了。我就在那儿醒过来,高兴得直哭。这就可以解释我的秘密了,别的也是一样。讲到嫁给埃德加·林惇,我并不比到天堂去更热心些。如果那边那个恶毒的人不把希斯克利夫贬得这么低,我还不会想到这个。现在,嫁给希斯克利夫就会降低我的身份,所以他永远也不会知道我多么爱他;那并不是因为他漂亮,耐莉,而是因为他比我更像我自己。不论我们的灵魂是什么做成的,他的和我的是一模一样的;而林惇和我的灵魂就如月光和闪电,或者霜和火,完全不同。"

这段话还没有讲完,我发觉希斯克利夫就在这儿。我注意到一个轻微的动作,我回过头,看见他从凳子上站起来,不声不响地悄悄出去了。他一直听到凯瑟琳说嫁给他就会降低她的身份,就没再听下去。我的同伴,坐在地上,正被高背长靠椅的椅背挡住,看不见他在这儿,也没看见他离开。可是我吃了一惊,叫她别出声。

"干吗?"她问,神经过敏地四下张望。

"约瑟夫来了，"我回答，碰巧听见他的车轮在路上隆隆的声音，"希斯克利夫会跟他进来的。我不能担保他这会儿不在门口哩。"

"啊，他不可能在门口偷听我的！"她说，"把哈里顿交给我，你去准备晚饭，弄好了叫我去跟你一块吃吧。我愿意欺骗我这不好受的良心，而且也深信希斯克利夫没想到这些事。他没有，是吧？"

"我看不出有什么理由说他不能跟你一样地了解。"我回答，"如果你是他所选定的人，他就要成为天下最不幸的人了。你一旦变成林惇夫人，他就失去了朋友、爱情，以及一切！你考虑过没有？你将怎样忍受这场分离，而他又将怎么忍受完全被人遗弃在世上，因为，凯瑟琳小姐——"

"他完全被人遗弃！我们分开！"她喊，带着愤怒的语气。

"请问，谁把我们分开？他们要遭到米罗的命运！只要我还活着，耐莉——谁也不敢这么办。世上每一个林惇都可以化为乌有，我绝不能够答应放弃希斯克利夫。啊，那可不是我打算的——那不是我的意思！要付出这么一个代价，我可不做林惇夫人！将来他这一辈子，对于我，就和他现在对于我一样地珍贵。埃德加一定得消除对希斯克利夫的反感，而且，至少要容忍他。当他知道了我对他的真实感情，他就会的。耐莉，现在我懂了，你以为我是个自私的贱人。可是，你难道从来没想到，如果希斯克利夫和我结婚了，我们就得做乞丐吗？而如果我嫁给林惇，我就能帮助希斯克利夫高升，并且把他安置在我哥哥无权过问的地位。"

"用你丈夫的钱吗，凯瑟琳小姐？"我问，"你要发觉他可不是你估计的这么顺从。而且，虽然我不便断言，我却认为那是你要做小林惇的妻子的最坏的动机。"

"不是，"她反驳，"那是最好的！其他的动机都是为了满足我的狂想；而且也是为了埃德加的缘故——因为在他的身上，我能感到，既包含着我对埃德加的还包含着他对我自己的那种感情。我不能说清楚，可是你和别人当然都了解，除了你之外，还有，或是应该有，另一个你的存在。如果我是完完全全都在这儿，那么创造我又有什么用处呢？在这个世界上，我的最大的悲痛就是希斯克利夫的悲痛，而且我们从一开始就注意并且互相感受到了。在我的生活中，他是我最强的思念。如果别的一切都毁灭了，而他还留下来，我就能继续活下去；如果别的一切都留下来，而他却给消灭了，这个世界对于我就将成为一个极陌生的地方。我不会像是它的一部分。我对林惇的爱像是树林中的叶子：我完全晓得，在冬天变化树木的时候，时光便会变化叶子。我对希斯克利夫的爱恰似下面的恒久不变的岩石：虽然看起来它给你的愉快并不多，可是这点愉快却是必需的。耐莉，我就是希斯克利夫！他永远永远地在我心里。他并不是作为一种乐趣，并不见得比我对我自己还更有趣些，却是作为我自己本身而存在。所以别再谈我们的分离了——那是做不到的；而且——"

　　　　她停住了，把脸藏到我的裙褶子里；可是我用力把
　　她推开。对她的荒唐，我再也没有耐心了！

　　可怜的凯蒂！漂亮、淘气和任性的凯蒂！谁该引导她并向她
给予忠告？是她那个烂醉如泥的哥哥吗？是那个并不爱她、厌烦
她性情多变的用人吗？不。残忍和粗暴的希斯克利夫真的是爱
她和理解她的吗？希斯克利夫耳边回响着她的拒绝，离开了呼啸
山庄，直到他能够索取爱并实施复仇，才会再次走进呼啸山庄。
那天夜里，呼啸山庄的上空，电闪雷鸣，大雨倾盆，可他没有回来；
凯蒂连围巾都没披，就站在风雨之中，浑身湿透，大声呼唤着他，
可是猛烈的暴风雨淹没和压抑了她的呼喊。
　　一整夜她没有离开炉边，躺在长椅上啜泣和呻吟，衣服湿漉
漉的，双手捂着脸，面朝墙。一个有关她的婚姻的奇怪预兆出现
了，最初的一些梦是关于她承诺的爱——这些并不是梦而是精神
错乱。第二天早晨，她发高烧，翻来覆去，折腾不停，仿佛就要跨
入死亡之门。
　　不过，她最终起死回生了。埃德加的父母把她带到自己的家中
照料。正如我们所知道的那样，他们染上了热病，几天之内，两人便
相继去世。这场热病所造成的破坏不止于此。一向性情急躁的凯
瑟琳此后变得动辄大发雷霆，这威胁到了她的生命和理智，他们不
得不让她放弃极端的做法。医生说，她不能再受打击了，应该由着
她自己的性子才行。在她看来，要是有人敢站出来反对她，就跟谋
杀差不多。凯瑟琳那种紧张的脾性、那种被宠坏了的我行我素的行
事风格、那种毫无来由的反复无常，在埃德加·林惇看来，全不是缺
点。"他是给迷住了。他父亲逝世三年后，他把她领到吉默吞教堂

的那天,他自信是世上最幸福的人。"

尽管有那么多不好的先兆,可婚姻最初还是幸福的。大家都宠着和迁就着凯瑟琳,因为埃德加是凯瑟琳永恒不变的崇拜者,而他那个天性懦弱的漂亮妹妹伊莎贝拉则是凯瑟琳的仰慕者和同伴。耐莉·丁出于见证凯瑟琳幸福生活的需要,经说服辞掉了在呼啸山庄照料婴儿的差事,去了画眉山庄。

希斯克利夫突然回来了,他已不是原先的那个希斯克利夫了,而是一个更加危险的敌人。他现在身材高大健壮,形体匀称,睿智而严峻。一种半开化的野性还潜伏在那阴郁的眉毛和那充满了火焰的黑眼睛里,但是已经被克制住了。他的举止简直是庄重,不带一点粗野,然而严厉有余,文雅不足。对孩子气的埃德加·林惇来说,他是一个可怕的竞争对手。虽然凯蒂真的依恋她丈夫,但是她对希斯克利夫的归来表现出不加掩饰的孩子气的高兴,这给她丈夫带来难以忍受的痛苦。埃德加有一种预感,不幸将借由他们昔日的友情而复现。他要禁止希斯克利夫到访他家。不过,埃德加是那么焦虑,他担心妻子受到伤害,因为他有充分的理由小心翼翼呵护她的健康,然而让她遭受难以承受的痛苦的并非他自己毫无根据的嫉妒。因此,希斯克利夫更加频繁地光顾画眉山庄。这里成为欢迎他的第二个山庄,也成为他想要毁灭的地方。此时,他寄宿在呼啸山庄。他对凯瑟琳说,他回来后的最初打算只是"看一下你的脸——也许是惊奇地瞅一下,而且假装高兴,然后就去跟辛德雷算账。再就是自杀以避免法律的制裁"。

凯瑟琳的欢迎改变了他的计划。她的哥哥避开了希斯克利夫的暴力,但是却没有避开他的仇恨。仇恨正在以某种方式得以解决。辛德雷因赌博渴望得到钱,喝酒也喝傻了,竟然非常高兴让希斯克利夫马上成为他的房客、惠友和牌友。希斯克利夫愿意等待，一口一口地品尝复仇的滋味，怂恿他过去的压迫者酗酒和赌博，看着他一亩一亩地失去他的土地。希斯克利夫知道恩萧迟早要失去一切。他，希斯克利夫，将成为呼啸山庄的主人，辛德雷的儿子将成为他的用人。复仇是让人心悦的事。寄宿在呼啸山庄很方便，步行没多远便可到画眉山庄。

然而没多久，他对画眉山庄的走访中断了。伊莎贝拉·林惇是一个十八岁的可爱姑娘，一脸淘气相，性情不错，但很脆弱。她爱上了希斯克利夫。说句公道话，他从未想要过娶她。直到有一天，凯瑟琳一时冲动向他透露了这个可怜的姑娘的隐秘。希斯克利夫假装不相信她的话，但是伊莎贝拉是她哥哥的继承人，要是同她结婚，便可以继承埃德加的家财。虐待她的确是一种对凯瑟琳丈夫不错的复仇。

最初，这种想法只是给人一种艺术创作似的快感，只不过是空中楼阁，只在梦中出现，并非实际存在。这个计划对希斯克利夫来说就是如此。但是，有一天，埃德加发现希斯克利夫正在试着追求伊莎贝拉，埃德加·林惇很高兴有了一个借口将他逐出家门。当时，一股怨恨、复仇的渴望和受压抑的激情涌上希斯克利夫的心头，他使出致命的撒手锏来回击。他劝说伊莎贝拉同他一起逃跑，这并非难事。一天夜里，他们一起私奔并结了婚。

伊莎贝拉，这个可怜、软弱、浪漫、活泼的伊莎贝拉，从一开始就陷入厄运，因为可怕的麻烦已光顾画眉山庄。希斯克利夫被拒绝来访，这让凯瑟琳大为恼火。她同埃德加大吵一架后，把自己关在了房间里。连续三天三夜，她待在自己的房间里，不吃不喝。埃德加则待在自己的书房，每时每刻都盼望着她会下来请求他的原谅。唯有耐莉·丁了解凯瑟琳忍饥挨饿的决心，她对此不发一语，希望借此彻底制服她这个年轻漂亮的女主人，这个傲慢而多情的鬼精灵。

三天过去了。凯瑟琳仍然拒绝进食。无情的耐莉仍决心，要是让她继续坚持，且没有任何不满，那就让她继续挨饿。第三天，凯瑟琳打开房间门要吃东西。当时，耐莉·丁太惊恐万分，怎么也高兴不起来。女主人衰弱、憔悴、癫狂，就和病了几个月似的。过于放肆的女佣记起了医生的警告，担心她主人要是知道了凯瑟琳的真实状况会大动肝火。

这个女佣的冷酷无情促成了呼啸山庄的危机。假如耐莉·丁从一开始就努力安慰狂暴而幼稚的凯瑟琳，假如她能使埃德加了解凯瑟琳的骄傲外表下真正的弱点，那么凯瑟琳就不会患病，就不会留下一个没有母亲的孩子。假如忧郁的伊莎贝拉不是被留下来独自一人在花园里伤心落泪，而是被带到她嫂子的房间，看到一个真正需要看护的病人，一种真正需要缓解的痛苦，那么她就不会因无所事事而产生幻想之爱，随希斯克利夫而去，与悲伤结缘。这是艾米莉·勃朗特天赋的特征，即选择一种极其简单而平凡的方式，来造就可怕的结果。

她在那三天挨饿期间，孤独一人，无人照看，但这并未动摇凯瑟琳如此做的决心。她那种逐渐显现的精神错乱是以大师般委婉动人的词句描述的，韦伯斯特无须再造一些更强烈的词句了，弗莱彻也不会写出更优美、更动人的词句了：

一分钟以前她还很凶，现在，她撑起一只胳臂，也不
管我拒绝服从，她似乎又找到了孩子气的解闷法，从刚

咬开的枕头裂口中拉出片片羽毛来，分类把它们一一排列在床单上：她的心已经游荡到别的联想上去了。

"那是火鸡的，"她自己咕噜着，"这是野鸭的，这是鸽子的。啊，他们把鸽子的毛放在枕头里啦——怪不得我死不了！等我躺下的时候，我可要当心把它扔到地板上。这是公松鸡的，这个——就是夹在一千种别的羽毛里我也认得出来——是田凫的。漂亮的鸟儿，在荒野地里，在我们头顶上盘旋。它要到它的窝里去，因为起云啦，它觉得要下雨啦。这根毛是从石南丛生的荒地里拾的，这只鸟儿没打中：我们在冬天看见过它的窝，满是小骨头。希斯克利夫在那上面安了一个捕鸟机，大鸟不敢来了。我叫他答应从那回以后再也不要打死一只田凫了，他没打过。是的，这里还有！他打死过我的田凫没有，耐莉？它们是不是红的，其中有没有红的？让我瞧瞧。"

"丢开这种小孩子的把戏吧！"我打断她，把枕头拖开，用被褥贴着破洞，因为她正大把大把地把里面的东西向外掏。"躺下，闭上眼，你发昏啦。搞得一团糟！这些毛像雪片似的乱飞。"

我到处拾毛。

"耐莉，我看，你呀，"她做梦似地继续说，"是个上了年纪的女人啦：你有灰头发和溜肩膀。这张床是盘尼斯吞岩底下的仙洞，你正在收集小鬼用的石镞来伤害我们的小牝牛；当我靠近时，就假装这些是羊毛。那就是五十年后你要变成的样子：我知道你现在还不是这样。我没有发昏;你搞错啦,不然我就得相信你真的是那个干巴巴的老妖婆啦,而且我要以为我真的是在盘尼斯吞岩底下;我知道这是夜晚,桌子上有两支蜡烛,把那黑柜子照得像黑玉那么亮。"

"黑柜子? 在哪儿?"我问。"你是在说梦话吧!"

"就是靠在墙上的,一直是在那儿的,"她回答,"是挺古怪——我瞧见里头有张脸!"

"这屋里没有柜子,从来没有过。"我说,又坐到我的座位上,我拉起窗帘,好盯着她。

"你瞧见那张脸吗?"她追问着,认真地盯着镜子。

不管怎么说,我还是不能使她明白这就是她自己的脸。因此我站起来,用一条围巾盖住它。

"还是在那后面!"她纠缠不休。"它动啦,那是谁?我希望你走了以后它可不要出来!啊!耐莉,这屋闹鬼啦!我害怕一个人待着!"

我握住她的手,叫她镇静点,因为一阵阵哆嗦使她浑身痉挛着,她却要死盯着那镜子。

"这儿没有别人!"我坚持着,"那是你自己,林惇夫人,你刚才还知道的。"

"我自己!"她喘息着,"钟打十二点啦!那儿,那是真的!那太可怕啦!"

她的手指紧揪住衣服,又把衣服合拢来遮住眼睛。

这样的情形是一种长时间、可怕的脑热病的开始。由于丈夫持续不断的关心,凯瑟琳总算是又活了回来,因此这难说是因了她自已的缘故。实际上，凯瑟琳仍然安危未定，一个轻轻的触动也许会让她好起来，也许会让她发疯。直到这次热病开始埃德加才发现伊莎贝拉已离家出走。她哥哥太关注他妻子的病情了，心都碎了，而这正是希斯克利夫所希望看到的。埃德加对妹妹既没有采取暴力做法，甚至也没生气，只是由于那种固执的天性，他拒绝同希斯克利夫的妻子再有任何往来。但是当凯瑟琳病好时，耐莉·丁收到了伊莎贝拉的一封信；信中说，希斯克利夫现在成了呼啸山庄的主人，她在呼啸山庄过得极其痛苦。这时，埃德加·林惇才答应让耐莉·丁去看他妹妹。

到呼啸山庄后，她看到曾经富庶的庄园由于连续几年的挥霍已被糟蹋得面目全非；伊莎贝拉·林惇变化更大了，已经变成了一个面无血色、无精打采、邋邋遢遢的女人。她精神垮了，面容苍白，身乏力弱。作为娱乐他妻子和她原先的女佣的一种快乐手段，希斯克利夫说他爱凯瑟琳，还说他相信凯瑟琳并非真的在乎埃德加·林惇。

> "凯瑟琳有一颗和我一样深沉的心：她的整个情感
> 被他所独占，就像把海水装在马槽里。呸！他对于她不
> 见得比她的狗或者她的马更亲密些。他不像我，他本身
> 有什么可以被她爱：她怎么能爱他本来没有的东西呢？"

耐莉·丁并未因看到伊莎贝拉的悲惨状况而受到影响，也未因想起他主人蒙受这个可敬的邻居的不公正对待而受到影响，最终还是被希斯克利夫的花言巧语说服，帮他带一封信给心力交瘁、半死不活的凯瑟琳，约个时间见面。希斯克利夫不断地表示，

他无意干扰或激怒林惇先生,他只不过是想再见一次他过去的玩伴,从她嘴里了解她的情况,看看在哪方面能够帮她一下。

这封信被带给了凯瑟琳。见面是在一个礼拜天,除了耐莉·丁外,家里人都去了教堂。凯瑟琳脸色苍白,神情冷漠,但是身心极度虚弱的她看上去却更加漂亮。希斯克利夫从她脸上看到了死亡,他绝望极了,不时猛烈地指责她让他遭受了那么多痛苦,温柔地抚爱着她那张毫无生气的脸。有谁见过这样一种奇异的场景?援引这一场景并非为了说明这段表白是多么动人,随口说出来的话又多么优美,其实小说在这些方面并未引起读者的注意,援引这一场景是为了其中所表现的持续不断的激情、绝望和十足的恐怖。一定要按先后顺序来读,要完整地去读。我也想不到还有什么比这种痛苦诀别更令人战栗,更感人至深。罗密欧同朱丽叶分别,可他们彼此相识也只不过一个星期而已。没有一个场景里希斯克利夫是袖手旁观的,没有一个场景里希斯克利夫不是同凯瑟琳一起玩的。既然她生命垂危,他就没有必要陪她看。特洛伊罗斯和克瑞西达①分别,但克瑞西达是负心的,特洛伊罗斯有他的祖国。希斯克利夫这个被遗弃、无名无姓的冒险家有祖国吗?

---

① 特洛伊罗斯与克瑞西达是英国作家乔叟的爱情叙事诗和莎士比亚的同名悲剧中的男女主人公。故事发生在特洛伊战争后期。特洛伊国王的小王子特洛伊罗斯与已投靠希腊人的特洛伊教士的女儿克瑞西达相恋。按照克瑞西达父亲的请求,希腊人提出用克瑞西达来交换被俘的特洛伊战将。克瑞西达刚离开特洛伊,便背叛她的情人,马上投入新的希腊情人的怀抱。

安东尼奥和公爵夫人①分别了,但是他们彼此相恋,幸福快乐。这两对最初的恋人最后都永远分手了。他们的激情因绝无欲望的成分而被升华了。即使邪恶而绝望的希斯克利夫对凯瑟琳也绝不怀有卑鄙之爱。他所要求的是她活着,他可以见到她,她能够幸福地生活,即便是同林惇在一起。希斯克利夫声称:"我永远不会将他从她的生活圈子中驱逐出去的,而她希望如此。"现在她伤心得发疯了,奄奄一息。此外,他们那种紧张的、受挫的天性,让人对他们不得不诀别更加感到惋惜。如果罗密欧能活下来,那么他毕竟会同罗萨兰快乐地在一起的,有可能朱丽叶也会嫁给帕里斯的。然而,这个怪异、孤僻、野蛮的希斯克利夫,他唯一的人类柔情就是一直对这个任性、活泼和漂亮的年轻女孩的爱,此时会再爱他怀里时而眩晕、时而苦恼、奄奄一息的她吗?对希斯克利夫的暴烈和残忍记忆犹新的人们此时看到了这样一种可怖的景象:他同他那个奄奄一息的爱人默默地坐在一起,脸贴着脸,以泪洗面。

最终,他们分别了。凯瑟琳失去了意识,处于半死不活的状态。那天夜里,她怀了七个月的孱弱的孩子出生了。也就在那天夜里,母亲去世了。她曾经是一个快乐和任性的女孩,而踏入她视为王国的画眉山庄不到一年便发生了难以言说的变化。在那个幽暗的房间里,她丈夫躺在她身边,痛苦不堪。外面,希斯克利夫心里充满着对命运的愤怒,用头猛撞树干。他情绪太激动,难

---

① 安东尼奥和公爵夫人是英国伊丽莎白一世时期的英国剧作家约翰·韦伯斯特(John Webster,c 1580—c 1634)的悲剧《马尔菲公爵夫人》中的男女主人公。寡居的公爵夫人因与管家安东尼奥秘密结婚,惹怒了她兄弟斐迪南德公爵及主教,最后在受尽精神和肉体折磨后悲惨死去。

以找到慰藉。

　　"她的知觉根本没有恢复过；从你离开她那时起，她就谁也不认得了！"我说，"她脸上带着甜蜜的微笑躺着；她最后的思念回到愉快的儿时去了。她的生命是在一个温柔的梦里结束的——愿她在另一个世界里也平和地醒来！"

　　"愿她在苦痛中醒来！"他带着可怕的激动喊着，踩着脚，由于一阵无法控制的激情发作而呻吟起来，"唉，她到死都是一个撒谎的人呀！她在哪儿？不在那里——不在天堂——没有毁灭——在哪儿？啊！你说过不管我的痛苦！我只要做一个祷告——我要重复地说，直到我的舌头僵硬——凯瑟琳·恩萧，只要在我还活着的时候；愿你也不得安息！你说我害了你——那么，缠着我吧！被害的人是缠着他的凶手的。我相信——我知道鬼魂是在人世间漫游的。那就永远跟着我——采取任何形式——把我逼疯吧！只要别把我撇在这个深渊里，这儿我找不到你！啊，上帝！真是没法说呀！没有我的生命，我不能活下去！没有我的灵魂，我不能活下去啊！"

　　他把头朝着那多节疤的树干撞；抬起眼睛，吼叫着，不像一个人，却像一头野兽被刀和矛刺得快死了。我看见树皮上有好几块血迹，他的手和前额都沾满了血；大概我亲眼所见的景象在夜里已经重复做过几次了。这很难引起我的同情——这使我胆战心惊；但我还是不愿就这么离开他。然而，他刚刚清醒过来，发现我望着他，就吼叫着命令我走开，我服从了。我可没有那个本事使他安静下来，或者能给他慰藉！

从这时起，一种潜在的疯狂在希斯克利夫身上慢慢地发酵。当这种疯狂达到高峰时，他却并没有变得暴躁，而是变得出奇地安静，几乎听不到他的呼吸声。他是那么安静，就像一个人屏住呼吸倾听某种想听而尚未听到的声音，就像一个人瞪大眼睛遥看即将出现在地平线的一个黑点逐渐变成那只给他带来财宝的大船。"当我同哈里顿坐在家里时，好像我要出去见她。当我漫步荒野时，似乎会看见她走来。当我离开家时，我会急忙赶回来；她一定是在山庄的某个地方，我确定。当我睡在她的房间里时，就是我被打出来的那个房间，我无法安睡。我一闭上眼睛，她就会出现在窗外，或来回拉窗板，或进入房间，甚或将她可爱的头枕在她从小睡觉用的枕头上。我不得不睁开眼去看。因此，我一夜睁眼和闭眼上百回，却总是令人失望。这是一种奇异的毁人方式，不是通过缓慢的方式而是通过密集性的方式，用那种十八年来的希望幻象来消磨我。"这种让神经绷到极致的期待狂热有时会松弛下来；于是希斯克利夫变得危险起来。他满脑子都在想凯瑟琳，这个世界对他来说已无关紧要；但是当这种专注的回忆稍微减弱时，他便想起，这个世界是他的敌人，从他那里骗走了凯瑟琳。然后，贪婪、野心、报复便进入了他的灵魂。他最后的状况比他最初的状况还要糟。他残忍，但绝不是埃斯林那种疯狂的残忍和嗜血的狂热。他的残忍是有目的的，那就是，受害人遭受痛苦并不是结束，而只是他报复计划中的一个部分。可是，这个暴君式人物身上有某种微妙的东西在折磨他的灵魂,而不是他的肉体。纯洁、残酷、对权力的贪求和那种南方变态犯罪方面的某些东西让希斯克利夫有别于现代英国悲剧中的那些恶棍。假如将希斯克利夫同编年史剧作家西里尔·图尔纳①一起置于意大利文艺复兴时期,那么希斯克利夫就不会唤起让他现身于 19 世纪浪漫小说的那种令人难以置信的愤怒。

小凯瑟琳出生后不久,伊莎贝拉·希斯克利夫逃离她丈夫去了英格兰南部。他并没想追踪她。她在新家生下了儿子林惇——一个怯懦和仇恨、恐惧和厌恶的果实——从一开始,她就说他"是一个体弱多病、脾气暴躁的孩子"。与此同时,小凯瑟琳变成了她家明亮的阳光。在这个优雅的女孩身上有着她父亲那种文雅淡定的天性,同时这种天性中又跃动着她母亲的激情火花,闪动着她那种反复无常的微光。她有恩萧的漂亮的黑眼睛、林惇的白皙皮肤、姣好的面容、卷曲的黄头发。强烈依恋的能力让人想起了她的母亲。可她仍然不像她母亲。她发火绝不会达到狂怒的程度,她的爱也绝不会达到猛烈的地步。她的爱是深沉和温柔的。凯蒂实在是一个迷人的女孩子,她不似凯瑟琳·恩萧那么富有激情,性情那么奇怪。作者既没有把她写成一个被疯狂爱着的人,也没有把她写成一个被怀疑的人。

埃德加完全成了一名隐士,把整个心思全放在了他的孩子身上。这个孩子生活快乐,像一个公主般被孤零零地置于童话故事之中,很少敢于越过那个公园的界限,她自己绝不会走出公园。

---

① 西里尔·图尔纳(Cyril Tourneur,? —1626),英国外交官和戏剧家,代表作是《无神论者的悲剧》(*The Atheist's Tragedy*,1661)。

埃德加因他年轻的妻子之死一直无法平息内心的悲痛。如果——我想,我们也许——如果我们承认每一位作者能够将他的某种特殊才能或多或少地赋予他的孩子——如果我们承认莎士比亚戏剧中人物都是沉思默想式的人物,就连活泼愉快的罗莎琳德和滑稽可笑的道勃雷也是如此的话——如果我们承认我们在狄更斯小说中所熟悉的人物都具有较强的自我意识,我们在乔治·艾略特的小说中所熟悉的人物都具有较强良知,以至于甚至连提图·米立马也为让自己更自然地获得满足的行为感到懊悔的话,那么我们必须承认艾米莉·勃朗特的特殊标志就是恒定不变的。希斯克利夫的热情和疯狂、埃德加·林惇的沉稳和至善、耐莉·丁的严苛和狭隘,甚至约瑟夫的虚伪和伪善都是至死都不会变的。

失去理智的辛德雷·恩萧因失去死于肺病的妻子而悲痛,并拼命酗酒;哈里顿到底是爱上了篡夺他的位置、贬低他、打击和榨取他的那个人,毫不间断地让小凯瑟琳蒙生怨恨和厌恶。甚至伊莎贝拉·希斯克利夫,就像她的虚弱那样,也不是易变的。甚至林惇·希斯克利夫,在所有小说的人物中,或许像巴恩斯·纽卡姆那样实在无法让人去爱,但是他却爱他的母亲和凯瑟琳,以其自私的方式自始至终爱着她们。

几年过去了,除了辛德雷·恩萧死了,没有什么事发生。呼啸山庄整个抵押给了希斯克利夫,因此他拥有了这个地方。哈里顿本可以成为那一带第一位有身份的人,但现在"沦落为要完全依赖他父亲的宿敌的地步,成了他自己家里的用人,被剥夺了工资待遇,由于他性情友善,不在意自己受到不公正的对待,因此也很少有可能恢复自己的权益"。

此后的几年一直平安无事。直到凯瑟琳年满十三岁那年,希斯克利夫太太死了,埃德加去了英格兰南部接她的孩子。小凯蒂在父亲外出期间对自己活动范围局限于园林内的情形越来越不耐烦,但是又没有人陪她去荒野,因此一天她越过栅栏走了出去,迷路了,最后来到呼啸山庄求助。对于呼啸山庄及居住在这里的人的情况,她一直一无所知。她许诺不将她拜访呼啸山庄一事告诉她父亲,以免他会解雇耐莉·丁。听说被粗暴教养的哈里顿是她的表兄后,她心里愤愤不平。那天晚上,林惇——体弱、漂亮、好发脾气的林惇——到了,有这样的表兄,她非常高兴。

　　第二天早晨,她发现林惇走了,他父亲已经派人把他接到了呼啸山庄。埃德加·林惇并没有告诉女儿她的表兄住的地方离画眉山庄这么近,因为他决不会让她跨进那个可怕的呼啸山庄的门槛。但是,有一天,凯蒂和耐莉·丁在荒野见到了希斯克利夫。他半是劝说半是强迫她去他家见了他的儿子。他儿子已经变成了一个最让人瞧不起、哼哼唧唧、病歪歪的家伙,心里半是暴力半是恐惧。凯蒂那颗善良的心看不到这些问题。她只看到她的表兄有病,心中不快,需要她。那年冬天,当他父亲和耐莉·丁都病了时,她轻易地陷入了同她这个表兄的秘密婚约。除了粗野的哈里顿外,这是她曾经见过的唯一的小伙子。

　　每天晚上,当她白天的看护结束时,她就骑马来到呼啸山庄安抚林惇。希斯克利夫尽其所能地推动那个计划。他知道他的儿子活不了太久,尽管如此,他还是悉心照看和保护这个呼啸山庄和画眉山庄的继承人。的确,凯蒂的索取是有竞争性的。让她嫁给林惇将会确保拥有山庄的权利,并为他将死的儿子弄到一个妻子以保护这个继承权的延续,也无疑会让埃德加·林惇伤透心。希斯克利夫对复仇的迷恋和对权力的迷恋结合在一起,使得他的计划成为一桩他所争取和渴望的事。

那孩子变得越来越虚弱,他也变得绝望起来。这个孩子很有可能死在他那个同样活不太久的舅舅的前面。如果埃德加·林惇活得更久,那么画眉山庄就不会为希斯克利夫所拥有了。作为最后的一招,他让儿子写信给埃德加·林惇,恳求在两个山庄之间的某个地方见一次面。埃德加对林惇·希斯克利夫的真实性格并不了解,不明白既然凯蒂和她表兄彼此相爱,他们俩有什么理由不结婚呢?他允许耐莉·丁带她的小女主人去荒野,林惇·希斯克利夫要去那里见她们。父亲有病,凯蒂很不情愿离开父亲,哪怕一个小时,但是她听说林惇也快不行了,于是她鼓起勇气再次去了荒野。他们看到林惇的状况很奇怪,他恐惧不安,筋疲力尽,情绪沮丧,对凯蒂的爱很不稳定,和刚挨了打被人教训了一顿似的。她希望回去,但是那孩子却表明了自己的态度,他病得太厉害了,无法独自一人回家。于是,她们送他回到了呼啸山庄。希斯克利夫劝她们进来,说要请医生给这个病小伙看病。然而,她们刚一进门,他就伸出手把门拴上了。用人们和哈里顿都走开了。眼泪和恳求都没能让希斯克利夫软下心来放她们走,直到凯瑟琳成了林惇的妻子。直到她父亲孤独地死去,他才将此事告诉她。但是,五天后,凯瑟琳,现在叫凯瑟琳·希斯克利夫,想方设法及时逃了出去,在父亲死前的几个小时,她用虚假的幸福来安慰他。这是一个高尚的谎言,因为埃德加·林惇感到满足,在亲吻了女儿面颊后便死去了,全然不知将要发生在她身上的不幸。

第二天,希斯克利夫来到了画眉山庄再次实施了掠夺,但是现在凯瑟琳对他并不在意。她父亲死了。她以一种持久的冷漠态度接受了一切辱骂和命运打击。他们所能伤害的也只有她了。几天后的一个夜里,林惇独自同他的新娘在一起时死了。经历了一年切实的痛苦和孤独之后,凯瑟琳的命运有了一点转机。希斯克利夫先生选中了耐莉·丁,让她填补了呼啸山庄管家的空缺。

凯瑟琳·希斯克利夫在呼啸山庄具有很强的亲和力,这几乎让希斯克利夫摆脱了对这个世界的憎恨。现在很少能看到他暴躁了。他越来越讨厌外出社交,常常独自一人坐在那里,很少吃东西,也常常整夜在房间里踱来踱去。他的神情变了,那种琢磨仇恨的样子被一种更让人惊恐的表情所替代,那是一种兴奋、狂野、不自然的快乐样子。他嫌自己没病,可他面色苍白,毫无血色。"他有时会露出牙齿,然后一笑。他身子骨在战栗,不是那种因寒冷或虚弱而产生的发抖,而像一根拉紧的绳子的颤动,是一种战栗而不是发抖。"最后,他那种神秘的专注神情,他那种期待的紧张变得非常强烈,以至于他不思饮食。由于饥饿,他会坐下来吃饭,接着又会突然起身,仿佛看到了什么东西,朝门或窗户看一下,走了出去。他疲惫无力,难以成眠,便会匆匆离床而去,在花园里走来走去,直到天亮。

"我不能吃,不能睡,可这不能怪我,"他回答,"我跟你担保我不是有意要这样。只要我能做到,我就要又吃又睡。可是你能叫一个在水里挣扎的人在离岸只有一臂之远的时候休息一下吗!我必须先到达,然后我才休息。好吧,不要管格林先生;至于追悔我做的不公道的事,我并没有做过,我也没有追悔的必要。我太快乐了;可是我还不够快乐。我灵魂的喜悦杀死了我的躯体,但是并没有满足它本身。"

与此同时,希斯克利夫的一生计划和深藏的复仇目的正在他周围悄然倒塌,就像纸牌堆起来的房子倒塌那样。他的儿子死了。作为呼啸山庄继承人的哈里顿·恩萧和作为画眉山庄继承人的凯瑟琳相爱了。这是一个最难猜想到、最不可能的结局,然而却是最自然的结局。凯瑟琳备受宠爱,有知识,风姿绰约,得意而自豪,可也最有情感,最温柔善良。哈里顿粗鲁、乖戾、无知、凶猛,但也是实在如钢,牢靠忠实,有一颗钟爱和忠诚之心,即使对那个曾心怀目的、残酷待他、奴役他的那个人,他这颗心也是始终不渝的。"'哈里顿非常喜欢我!'希斯克利夫笑着说,'你可以承认在这一点上我胜过了辛德雷。如果这个死去的流氓能从坟墓里站起来谴责我对他的子嗣的虐待,我倒会开心地看到这个所说的子嗣把他打回去,为了他竟敢辱骂他在这世界上唯一的朋友而大为愤慨哩!'"

"他永远也不能从他那粗野无知中解脱出来。"希斯克利夫狂喜地喊道。但是恨所能做的,爱也能做。二十岁时,希斯克利夫本人也是一个非常粗野的人。为了报复他的仇敌,他想方设法抹去了自己身上的粗鲁。凯瑟琳·林惇的爱激发哈里顿做出了巨大的努力。这个奇怪、粗野的爱情故事,就像越橘那样怪怪地甜,在美方面就像紫色的石南穗子那么干巴和坚硬,是《呼啸山庄》中最具纯人性的地方,也是唯一令人感到温馨的兴趣点。就希斯克利夫的胜利而言,这是必要的反高潮,是对权力卓越的最后的再要求。"被征服的善和被征服的恶"常常会悲惨地变为现实,但却不是一个永恒的法则,只是一种太频繁发生的事件。看到这一点,艾米莉·勃朗特显示了希斯克利夫的最后挫折。无亲无友的希斯克利夫最终不得不眼睁睁地看着他无情攫取的财产落到他的下一代仇敌手中。凯蒂和哈里顿的相爱并没有让他受挫,就像突然的暴力反应不会让他受挫那样。心弦松弛了,这让他松垮下来,失去了活力,一步一步成了偏执的牺牲品。他穷其一生为复仇榨取浆果并疯狂啜饮。但当最后的机会到来时,当浆果汁送到他嘴边时,他失去了渴望,失去了兴趣。

　　"我没做过不讲道义之事。"希斯克利夫说。虽然他的生活是由复仇和激情驱使的,可我们还是回想一下都是谁成了他的受害者。不是最初收留他的那位绅士,因为那位老人活着的时候对他的宠儿的卑鄙一无所知,反而因他的存在而获得宽慰。凯瑟琳·恩萧遭受痛苦并非因她恋人的性情所致,而是因她嫁给了一个只喜欢她的男人,她心里很清楚,自己为此缘故而无理地对她所爱的男人。当她将死之时,希斯克利夫对她说:"你活该这样!是你害死了你自己!因为上帝或撒旦所能施加的不幸、落魄、死亡绝不会让我们分开。你是自愿和我分手的。"对这样乖戾而充满激情的精神,伦敦上流社会的那种道德不会起作用,而他那些严厉而残忍的教训才会起作用。希斯克利夫的第三个受害者,更准确地说是第一个受害者,就是辛德雷·恩萧。然而,假如辛德雷没有变成一个赌徒、一个酒鬼、一个充满暴力和灵魂空虚的人,希斯克利夫就不可能获得对他的控制权。辛德雷把希斯克利夫当作魔鬼浮士德式的人物欢迎他,或许会感激他那种邪恶的愿望,因为有他的存在,就无须惦记着羞耻,也无须惦记着崇高的目标,更无须惦记被抛弃的善良。当一切结束时,当他要失去灵魂时,那就让他记着在这场交易中有两个受害者。

伊莎贝拉·林惇是最可怜的受难者。她不能说是受害者。她不需要被欺骗,而是追求自己的厄运。渴望婚姻只是为了羞辱一个嫂子并显示新娘是一个重要人物。这样的婚姻却不得不忍受随后三个月的可怜痛苦。此后,她又遭受了许多逃跑的痛苦。在埃德加·林惇看来,正如我们已经看到的那样,希斯克利夫的打击落空了,并不能对他构成伤害,就像传说中的殉道者看待刽子手的打杀那样。他根本不知道自己在妻子心中并不是第一位的,他也根本不了解自己唯一的女儿的痛苦——这种痛苦不久就变成了快乐。不管活着还是死时,他都是那么耐心、开心、且值得信赖,尽管暴力和狂怒的核心离他的家如此之近,他却从未受过影响。

小凯瑟琳和哈里顿只是遭受了暂时的不幸。他们在一起忍受不幸。这教会了他们去爱。暴君的棍棒却绽放了玫瑰。希斯克利夫非常孤独,在痛苦的孤独中由衷赞美对自己灵魂的腐蚀。他看到自己的复仇计划全线崩溃,看到自己如此苦心经营的计划就这么简单地泡了汤。这正是他痛苦所在。

他现在正受苦。凯瑟琳·恩萧背离了他,这加速了他的毁灭,辛德雷早先对他的欺压促使了他的扭曲。他们曾在他手中受苦受难过,但并不是那种无辜、不断和高贵的受苦受难。在这样清澈的精神之光面前,痛苦最终驱走了那迟滞的雾。

"这是一个很糟糕的结局,是不是?"希斯克利夫说,"对于我所做的那些残暴行为,这不是一个滑稽的结局吗?我用撬杆和锄头来毁灭这两所房子,并且把我自己训练得能像赫库里斯一样地工作。等到一切都准备好,并且是在我权力之中了，我却发现掀起任何一所房子的一片瓦的意志都已经消失了！"

　　五分钟以前，哈里顿仿佛是我青春的一个化身，而不是一个人，他给我各种各样的感觉，以至于我不可能理性地对待他。首先，他和凯瑟琳的惊人的相像竟使他和她联系在一起了。你也许以为那是最足以引起我的想象力的一点，实际上却是最不足道的；因为对于我来说，哪一样不是和她有联系的呢？哪一样不使我回忆起她来呢？我一低头看这间屋里的地面，她的面貌便会出现在石板中间！在每一朵云里，每一棵树上——在夜里充满在空中，在白天从每一件东西上都看得见——我被她的形象围绕着！最平常的男人和女人的脸——连我自己的脸——都像她，都在嘲笑我。在这个世界，到处都是我们的纪念品，时时提醒着我她存在过，而我已失去了她！是的，哈里顿的模样是我那不朽的爱情的幻影；也是我想保持我的权力的那些疯狂的努力，我的堕落，我的骄傲，我的幸福，以及我的悲痛——

　　但把这些想法反复说给你听也是发疯。不过这会让你知道为什么，我并不情愿永远孤独，有他陪伴却又毫无益处。这简直加重了我所忍受的不断的折磨，这也多少使我不管他和他的表妹以后怎么相处。我不能再注意他们了。

　　甜美而主动的凯瑟琳和腼腆而多情的哈里顿在一起相处得非常融洽。我回想起来，还没有哪种情形比他们初次相爱的情形更令人感动。那一个下雨的下午,耐莉·丁在厨房里熨亚麻布。哈里顿气恼而痛苦地坐在炉火旁。他不是被枪伤着,而是因被漂亮的凯蒂以各种各样的理由回绝他的求爱而受到伤害。她极其鲁莽、缓慢而费力地步行在沉闷而潮湿的氛围中,以最亲切的善意哄他开心。奇怪的是,说到《呼啸山庄》,这段精彩的描写却被大多数人所遗忘,他们只记得那些更加可怕段落中的暴力和激情,并将它们同艾米莉·勃朗特的名字联系在一起。然而,正是从这种强烈之中产生了甜美,从干巴巴的石南花中产生了最好的蜂蜜。

其间,希斯克利夫随他们而去。是他那种魂不守舍的奇怪样子而不是他那种司空见惯了的凶暴让他们更感到害怕。

他不再关注他们。有四天,他不吃不喝不睡,双颊深陷,两眼充血,就像一个忍饥挨饿的人,被失眠搞得昏头昏脑。

最后,一个早晨,当雨水透过希斯克利夫那个房间来回摆动的窗子飘进来时,耐莉·丁,就像一个好管家,走进那个房间关窗户。主人想必已经起床出去了,她说。但是当推开床的围板时,她看到他仰面躺在那里,眼睛睁着,目光锐利而凶狠。尽管他的脸和脖子都被雨水冲洗着,但他却一动不动。他动也不动,眉毛下是那种可怕而生动的狂喜凝视,嘴唇张开,露出又尖又白的牙齿在嘲笑!他动也不动,现在已经不会再伤害人了。他死了而且僵了。

在完成报复之前,他除了承受自己内心报应似的缓慢痛苦之外,还被死亡所压倒。他死了,死于太多的奢望和奇异的快乐。此前还没有哪一个恶棍会以如此奇特的方式来结束自己的生命。此前也没有哪一个痛苦之人遭受如此漫长而残忍的折磨,"沉迷于十八年的希望幽灵"。

他死了,大家对他显示出了宽容。哈里顿为失去了暴君而动情地悲悼。他哭得很真诚,亲吻那张其他人都不敢注视的尖刻而野蛮的脸。希斯克利夫的记忆是神圣的;年轻时,他毁了一个最勇敢的守护者。即使是凯瑟琳,也许也根本不会为希斯克利夫对她丈夫所做的事而叹息。

今世来生再也听不见诅咒声了。一种巨大的寂静包围着他。他的暴力并未强到能够达到最终的平静,损毁其圆满。他的坟墓挨着凯瑟琳的坟墓,也靠近埃德加·林惇的坟墓。坟墓那边长着野生越橘石南花,还有一片沼泽地。它们并不介意那种激情、那种任性的可爱和潜在不变的善意。这无论是对他们还是对空中吟唱的云雀来说都是一样的。

> 我在那温和的天空下面,在这三块墓碑前流连!望着飞蛾在石南丛和兰铃花中扑飞,听着柔风在草间吹动,我纳闷有谁想象得出在那平静的土地下面的长眠者竟会有并不平静的睡眠。

《呼啸山庄》就这么结束了。

如今全世界都一致认为这个故事是对激情和悔恨的出色的悲剧研究,是对暴风雨和荒野之地、怫郁的善良和忘恩负义的恣意描绘。这个为《李尔王》戴上不朽桂冠的世界为《呼啸山庄》保留了一个更小的花环。但是,1948 年,为《简·爱》的成功喝彩的胜利钟声并没有对埃利斯·贝尔的作品做出回应。这部奇异的天才之作富于沉思和预兆性,情感强烈,视野有限,却被人们所忽视和漠视。的确,有一位名叫悉尼·多贝尔的人在《守护神》杂志上发表了一篇评论,坦率而明确地谈到了这本书的活力和天赋。然而这个对小说名声的清楚响亮的预言最后发声时,艾米莉并未听见。两年前,人们就已经将她安放在墓穴里了。

没有人赞扬埃利斯·贝尔。想起来让人感到奇怪,夏洛蒂的两个妹妹中,倒是安妮享有了短暂的令人愉快的名望。当《女房客》还是样稿时,埃利斯和艾克顿的出版商把它作为《简·爱》和《呼啸山庄》的作者最后和最好的一部作品卖给了一家美国公司。真是让人难以置信,一个出版商为了自己的利益竟然能犯这样的大错。不管怎样,这个错误引起了《康希尔杂志》极大的困惑,这让已出名的夏洛蒂有必要同容易引起误解的二等天才安妮一起去城里说明她们各自的独立存在。无须打扰《呼啸山庄》的作者,因为这样一部“出自生手的粗糙之作,没有出版商会争论它的。像这样令人烦恼的荣誉并不属于艾米莉”。

“不过,”夏洛蒂说,“千万不要这样理解我:是我想让这些事成为责备或抱怨的主题。我怎么敢这么做?我尊重妹妹的回忆,因此我不会这么做。根据她的记忆,任何这样抱怨性的表示都会被视为一种毫无意义的无礼冒犯。”

的确,这种嘟嘟囔囔的抱怨是何时从那些苍白而灵动的嘴唇间发出的?失败光顾艾米莉似乎并不令人不惊讶。她的计划全都流产了,如对布兰威尔成功的期望、办学的努力、她的诗歌创作,尽管她意志坚强,却并没有让这一切获得成功。

然而,尽管并未取得成功,这些努力却支撑着她对抗绝望。当她这部最后、最亲切、最强的作品被置于世界的天平上而被发现不足时,她并未叹息和放弃。她重新思考这场战役,想再次战斗。

　　但是,战役已经结束,结束于宣告胜利之前。不会再失败了,也不用为那种勇敢的精神再做努力了。7 月,夏洛蒂和安妮从伦敦回来。也正是 7 月,石南花含苞待放。12 月,艾米莉临终之时看到了石南花最后一次枯萎凋落。

第十六章 《雪莉》

Chapter XVI Shirley

《呼啸山庄》尚有待于评论之时,比艾米莉·勃朗特幸运的姐姐则在忙于写另一部小说。这部小说从未像她的杰作《维莱特》那样获得确定无疑的成功,也没有达到《简·爱》初次出版时所受到欢迎的热度。这部小说的确不如上面提到的两部小说。这是一部对约克郡生活的静静的研究。该小说对教会争吵的兴趣可说是没多少意义。小说主人公的女性不足几乎让人觉得荒谬可笑。然而,《雪莉》却有自己的魅力和气质。这种魅力和气质来自小说女主人公卡洛琳·赫尔斯通。这是夏洛蒂对自己最亲爱的朋友艾伦的性格的生动描绘。雪莉本身与艾米莉·勃朗特出奇地相似。

　　不过,艾米莉·勃朗特却处在极其不同的生活环境之中。雪莉不再贫穷,不再遭受挫败,不再体验不幸和早逝的威胁;没有了这些,夏洛蒂作为一个爱她的姐姐,高兴地看到她的美丽和成功,看到她成为被福气宠坏的孩子。可是在这种被改变的情境中,雪莉依然保留了夏洛蒂那个不辞辛劳的妹妹的样子。那些善于伪装、有时让人困惑不解的人,如盖斯凯尔夫人,"对艾米莉的印象并不太好",不过那些欣赏艾米莉的人很容易看穿他们。在如此巧妙借用的感伤的装饰下,在借用的变化无穷的光彩下,我们一张可爱的脸庞,一幢祖传下来的庄园住宅,我们认出了我们的那位坚强和任性的女主人公。面对这种无效的壮丽伪装,她难过地轻轻一笑,因为这对她来说实在是无关紧要,也毫无必要。我们认出了夏洛蒂的妹妹,而不是《呼啸山庄》的作者。经过这些年,我们看清楚了那个光彩熠熠的女继承人,对于那个衣不得体和劳累过度的教区牧师的女儿来说实在是微不足道。至高无上的雪莉啊,无须摇动您的王杖,因为我们早已明确地臣服于它了。它那种令人迷惑的显赫并不像您在您父亲宅邸忙碌的厨房中常常挥舞的那支磨坏了的鹅毛笔那么具有效力。

但是,假如没有夏洛蒂那令人钦佩的描写,那么我们对艾米莉·勃朗特的性格的理解就会显得缺乏根据。她的作品极具客观性。从艾米莉的作品中,你获得这样的印象,她热爱荒野,她从少女时期起就艰难地负荷着悲剧幻想的重压。她见过悲伤的面容,用坚定而挑战的勇气面对"美杜莎之眼"①。虽然我们了解了这么多,但还是远远不够;我们只了解事实的一个方面,根本不是事实的全部。

夏洛蒂的描写为我们提供了另一个画面。幸运的是,仍然有为数不多的艾米莉·勃朗特的朋友还活着。每一笔的线条画得更黑,每一个回忆描绘得更清楚,还有《雪莉》留给我们对人物的印象。雪莉的确是艾米莉的化身,是那个三十五年前人们就见过和认识的艾米莉,只是由于她姐姐的担心,她被打磨了一点,棱角被磨平了一点。艾米莉曾饱受痛苦,惯于沉思默想,富于同情心,喜欢创作,然而这样一位不同寻常的人,却只能在零散的文字中间,从偶然的回忆中,从几个在她的作品寻找到的答案中,以及她朋友对她的动情回忆中,才能看到她。然而,这些残存的东西是

---

① 美杜莎是希腊神话中的女妖,传说中她能将任何直视她眼睛的人变成石像。

那么直截了当,不同寻常,具有个性和特点。这一轮廓又是那么明确,以至于它比许多点画和浸漆而成的肖像画对我们的影响更加明显。

　　然而,为了解艾米莉的音容笑貌和言谈举止,我们仍然要回到《雪莉》这一章来。翻书页时最先看到的是许多确证的回忆。除艾米莉,谁还总是伴有"一条又大又壮、样子凶狠而丑陋、界于獒犬和牛头犬之间品种的狗"?这种狗对我们来说并不陌生,它就是"吴纳狮"。不用说我们也知道,柯勒·贝尔晚上总是坐在炉边的地毯上读书,一只手放在这条狗的头上。我们清楚地记得,要想赢得她的感情,必须确保让这条狗成为你的盟友。一位好友告诉我们,她最初获得艾米莉的心就是靠会见那条叫吉普的狗实现的。那条狗是通过猛扑来表示欢迎的,她当时没有表现出明显的害怕和畏缩。

　　当然,"基达尔船长",带着无忧无虑的神情,还有她的鄙视以及对独立的热爱,生动地带回了对我们的老熟人"上校"的记忆。我们看到在那苍白而瘦弱的外表下暗含着一种似乎可以抵御疲劳的坚韧力量。我们感叹,想起安妮信中的一段叙述。这段叙述记录了风湿病、咳嗽、流感是如何并在何时使霍沃思牧师住宅在可怕的东风到来期间变成一所医院的。艾米莉独自一人在想,人为什么要生病?——"她认为这是一种非常令人生厌的风,但是这种风并未影响她的神经系统"。我们也通过她对比自己状况差的人的善意了解了她。上百个小故事挤满了我们的大脑。她亲自动手为她用人的朋友准备了令人难忘的美味佳肴。依然记得玛莎的那个小表妹多次光顾厨房,艾米莉会把自己的椅子拿给这个生病的小姑娘坐。也有一些逸闻说,许多年来,她习惯于早起干那些最难干的活,因为第一个用人年纪太大了,第二个用人年纪太小了,难以快速起床。她,艾米莉,非常强壮。比起雪莉的慷慨解囊,艾米莉上百次的奉献,对于从我们心中唤起的记忆来说,显得弥足珍贵。这让我想到,就艾米莉和雪莉这一对女性来说,艾米莉是那更高尚更可爱的女主角。

此外,她那种极具特色的个性使她鄙视她所熟悉的男人中的那种唯我独尊、武断专横的阳刚之气,然而对诗意的菲利普·南尼莱、快乐而孩子气的斯威廷先生、多愁善感的路易斯、像可怜的狗那样爱她的忠诚的跛脚表弟则表现为一种亲切有礼的态度。她也很有勇气。无论是雪莉的身体还是艾米莉的身体,都曾体验过被好意喂食喂水的那条疯狗用尖牙撕咬的痛苦。无论是雪莉还是艾米莉都躲避过那条意大利狮犬的鲜红发亮的尖牙。她曾被那条狮犬直接咬伤,快速跑进洗衣房,没有告诉任何人,自己处理伤口。

艾米莉曾为她那条牛头犬犯错而独自一人赤手空拳惩罚它,完全不顾那个警告:千万别打那个畜生,否则它那捉摸不定的脾气一发作,便会扑向打它的那个人,撕咬喉咙。正是她弄得那条狮犬伤痕累累。

雪莉喜爱别致漂亮的衣服,这也唤起了我们对艾米莉的回忆。一次她同夏洛蒂及其朋友一起去布莱德福特购物。她挑选了一件带有淡紫色雷电图案的衣服,这引起了她那些矜持的同伴们掩饰不住的恐惧。她穿上它,看上去不错。她身材高挑,轻盈灵活,高贵优雅;她动作敏捷柔顺,多少透露出无拘无束的洒脱;她穿着泼紫的宽大裙子,表现出一种特有的漫不经心的样子;她面色白皙,暗棕色浓密头发用一把西班牙的梳子固定在脑后;她那双灰蒙蒙的大眼睛充满了懒散和随性的幽默,时而闪烁着深意,时而因突如其来的愤慨而迅速变得赤焰炎炎,如同"一道红色的光刺透露珠"。

她也像雪莉那样喜爱经商。我们还记得,艾米莉曾坚持投资购买布兰威尔小姐在约克和英格兰中部的股份,夏洛蒂表现出担心。"当我远在布鲁塞尔无法顾及我们的利息时,她以一种在我看来极其出色和能干的方式经营着。因此,我继续让她运作并承担后果。毫无疑问,在这方面,她公正无私,精力充沛。要是她并非那么容易驯服或如我所愿相信自己,那么我得牢记,完美并非人类的必需,只要我们能够尊重我们所爱的人,以坚定而深深的敬意对待与我们类似的那些人。这是一桩小事,然而为这桩小事,他们偶尔用一些任性和无理的观念烦扰我们。"

她那好心的姐姐,《雪莉》的作者,就是这么说的。然而,有人既不喜欢这种类型,也不喜欢这样的描写。悉尼·多贝尔在对雪莉的真正身份一无所知的情况下的说法可说是有点半真半假。他宣称:"只要我们稍加想象一下,雪莉·基尔达就会让人对她产生厌恶。"那种沉默的自尊,那种受挫的慷慨,那种无声的力量,那种独立的激情天性并不是触动这个世界的品质,因为这个世界不相信这些品质会出现在一个默默无闻的平凡女人身上。即使现在,仍然有许多人不喜欢这样一个不被他们看重的女主人公。他们厌恶这种无意讨好和旁若无人的傲慢、坚强不屈的力量,以及温柔顺从的缺乏,为此她通过如此巨大的仁爱和同情进行了补偿。夏洛蒂说:"在艾米莉的天性中,极端的活力与极端的简单似乎交汇在了一起。在一种不谙世故的文化氛围中,天然的品位和毫无矫揉造作的外观构成了一种力和火;这种力和火充盈了大脑，激起了英雄的血脉。然而，她没有世俗的智慧——她的力量无法适应实际生活事务——她无法捍卫她最显而易见的权利，无法获得她的正当利益。她和这个世界之间总是需要一个解释者。她意志相当坚定，但常常同她的兴趣相左。她脾性宽宏，热情而爽快。她具有一种宁折不屈的精神。"

艾米莉的那位颇具灵感的解释者就是这么说的。夏洛蒂的天赋并未让她妹妹更受欢迎。《雪莉》并未受到现代读者大众的青睐。艾米莉·勃朗特生不逢时。雅典娜带着小仙女们从奥林匹斯山的山坡上全速冲下，突然停下来温柔地抱起刚断奶的小动物或山上偶尔受到伤害的幼兽。它们或许选择作为她的猎伴。或者，布伦希尔德，强大的女武神，却害怕那些醉心于战争的男神之爱，由此失去了她保护无助者和弱者的不朽名声。她看到了自己同这位小妹妹之间的亲密关系。我们的女主人公是朱丽叶、苔丝狄梦娜、伊摩琴；我们的榜样是多萝西亚·布鲁克和劳拉·潘登尼斯，是那种散发着某种爱的芬芳的魅力女性。《雪莉》也是不符合我们品位的作品。至于其他人，则只爱卡罗琳·赫尔斯通。

淡然、执拗和高尚的艾米莉·勃朗特，当你那位具有魔力的姐姐在用金玉良言为你编织一张梦幻的幸运之网时，真正的命运三女神却在纺织一块灰白的裹尸布。你看不见生活中最明亮的东西。姐妹的关爱、无拘无束的孤独、无人首肯的创作，都让你内心保留那种最令人心酸的快乐。当你跨越命运之关时，你感受不到任何爱，享有不了任何声望，享受不了短暂的安逸。无论是玫瑰还是桂冠，都不会落到你那幽闭的身躯上。与此同时，你的姐姐为雪莉而写作和梦想。想法与事实之间的差异太大。那幻想的奇妙魔法从我们忍受的真实伤痛中攫取刺痛。

既没有玫瑰也没有桂冠恭敬地摆放在你安眠的坟墓之上。但是那里总有属于你的花——野生的干枯的石南花。用你姐姐的话说，你"就像石南的根那样具有荒野特性，狂野而多结"。在那片荒地上，你成就了自己的完美，没有桂冠优雅的叶子发出的沙沙响声，没有芬芳而柔弱的玫瑰在 6 月开放。暴风雨、冬天的黑暗、原始的土地、3 月的疾风，都会彻底折杀它们，然而这一切都会让那石南植物更加鲜亮和强壮，会让石南铃变得更加紫红，会让更甜的蜜浸入石南花的蜂巢。冷风和野地造就了石南。它不会生长在受到呵护的草地上。即使你已经知道爱选择你的命运，你也不会盛开绽放。另一个快乐忙碌的北部乡村持家女人会死去的，但是你现在还活着，仍然在那里歌唱自由。那颗勇敢和孤独的不朽之魂，风中的另一种声音，高山之端的另一种荣耀，那就是《呼啸山庄》的作者艾米莉·勃朗特。

第十七章　布兰威尔的结局

Chapter XVII　Branwell's End

1848 年的秋天,暴风雨频繁,天气多变,寒风刺骨。凛冽的狂风围绕着位于裸露山顶的这栋灰色的小牧师住宅旋转,带来一波又一波的疾病。安妮和夏洛蒂萎靡不振,毫无生气。布兰威尔也病了。他下不了决心放弃放荡生活,结果把身体搞垮了。白天,他大多在睡觉,要么至少在一种虚弱的嗜睡状态中连续不断地坐在那里打盹,可是到了晚上,这种冷漠和无趣变成了狂暴和痛苦。夏洛蒂在 7 月的最后一天写道:"到了晚上,父亲和我们大家同他在一起时心情都会变得沉重。"

　　然而,这个家庭清楚地知道他这种颓废的原因,也知道尚无迫在眉睫的危险。毫无疑问,他很虚弱,没有食欲。但是,鸦片吸食者本身就不强壮,也不知道饿。布兰威尔本人、他的家人和他问诊过的医生都认为,目前尚无迫切的危险。这种沉闷的生活仿佛可以永远继续下去,通过放荡和痛苦的永无休止的摇摆和回弹来指示时间的流逝。

　　这个令人忧郁的秋天,格兰迪先生一直住在距离霍沃思约十七英里远的斯基普顿。他想起了他的老朋友,便要求布兰威尔到他那里做客,然而这个垂死的年轻人太虚弱了,即便这么短的旅程他也坚持不了,尽管他渴望这种生活的变动能给他带来兴奋。格兰迪先生被布兰威尔来信中的悲惨语调深深打动,结果他开车去了霍沃思,要亲眼看看他的老朋友到底患有何病。布兰威尔的变化着实让他震惊,他面色苍白,面颊深陷,浑身颤抖,身体完全垮了。布兰威尔已经变得毫无希望了,他又吸上鸦片了。

他沉浸在悲伤之中,总期望有让他兴奋的事和变化。可是他太虚弱了,几乎不能下床。他渴望任何一种能够让他离开霍沃思的约会和理由,能够让他摆脱旧念,看在上帝的份上,能够让他赶快离开这里去任何其他地方。家人都在悄悄议论此事。不过,他没等太久。

在随后的寒风凛冽的 9 月,格兰迪先生再次来到了霍沃思。他派人去牧师住宅请布兰威尔,并订了一桌饭菜来欢迎他。房间看上去舒适而温暖。格兰迪先生正坐在那里等候他的客人时,勃朗特牧师走了进来,出现在他面前。他变化也非常大。他过去那种呆板的言谈举止看不到了。他满怀真情地讲起了布兰威尔。他几乎绝望地说起了布兰威尔不断加深的痛苦。当听到格兰迪先生的口信时,这个可怜的自我折磨的受难者正卧病在床,显然虚弱得无法走动。多少年来他信中所表露的兴奋和不安此时是那么强烈,无法抗拒这次让他兴奋的机会。他坚持要来,他父亲说,并将马上做好准备。然后,这位忧伤的、半盲的老人辞别了他儿子的朋友,离开了那家客栈。

不一会儿,门悄悄地开了,看到了一个人的头,一团没有修剪过的蓬乱的红发,胡乱地飘散在枯瘦的大额头上;两颊发黄而深陷,嘴唇陷落,没有血色,不是在抖动而是鼓动;深凹的眼睛,过去不大,现在却瞪得很大,露出疯狂的目光——所有这一切都实实在在讲述了这个令人悲伤的故事。我赶快迎上前去,用我最欢快的方式——我知道他最喜欢我的这种欢迎方式——欢迎我的朋友,迅速把他拉进房间,逼他喝下一大杯热白兰地。受到这杯白兰地的影响,也受到明亮欢快的环境影响,他看起来有些害怕,害怕他自己。他看了我一会儿,嘴里嘟嘟囔囔地讲了一些有关离开温暖的床走了出来,置身于寒夜之中的话。又喝了一杯白兰地,身体逐渐地暖和起来,他好像恢复到早先的样子。他甚至还吃了一些东西。他说,很久没吃这种东西了。因此我们最后一次会面尽管很沉重,但还是很愉快的。对于他的理解力,我并不清楚。他说自己在焦急地等待死亡——的确,他渴望死亡。在他神智正常的时候,认为死亡已逼近。他再次宣称,死亡起因于我所知道的故事而不是别的事。

当我最后不得不离开时,他悄悄地从衣袖里抽出一把雕刻刀,把它放在桌子上,两手抓住我说,对于再见到我,他已不抱任何希望;当我托人带口信给他时,他猜想这是来自撒旦的召唤。他穿好衣服,拿起那把密藏很久的刀来到客栈,下定决心冲进房间刺杀里边的居住者。当时他大脑非常兴奋,当他打开门时并没认出我来,但是我的声音和举止征服了他,用他自己的话说,“让他回归了自己”。我离开时,他站在路上脱帽鞠躬,泪如雨下。

他回家了。几天之后,他死了。在那短暂的弥留之际,他有了多年来从未感受到的幸福和平静。他那种邪恶的习惯,他那种坚硬的情感,就像一个面罩,从那个为最后的宁静所触动的灵魂上滑落下来。他异乎寻常地发生了改变,对容忍他这么久的父亲和姐妹的态度变得温和与柔顺了,他充满了爱意,就仿佛已从那种发烧引起的谵语状态中清醒了过来。虽然他很虚弱,身体垮了,可是他们能够从他身上看到早先的布兰威尔的影子,于是又看到了对实现他们早先梦想所怀有的希望。他们和他都没有想到死亡就在眼前。他过去常常谈论死亡,如今他就站在死神翅膀的阴影下;只是没有察觉到死神的存在。他在最后时刻的亲和表现并非只是由于怯懦地害怕死亡,更是由于其灵魂回归真实的自我,由于外来的狂热和错误在减弱。之后,其生命的痛苦结束了。布兰威尔在死前的半小时对危险毫无察觉。两天前,他还外出去了村子里,现在一整天他只能待在床上。第二天上午,也就是 9月 24 日礼拜天上午,布兰威尔醒来,意识非常清楚,他躺在床上度过了那个神圣而宁静的早晨,既没有恐惧也没有痛苦烦扰他,那时附近教堂(这个古老的建筑曾为他带来许多儿时的欢乐)的钟声在召唤村民做礼拜。村民们都认识他。当他们经过牧师住宅时都会抬头看一看,想知道"牧师家的帕特里克"的情形是变好了还是变糟了。但是牧师住宅里的人并没去教堂,而是在布兰威尔那个宁静的房间里看护。

突然,布兰威尔那张安静的面容发生了可怕的变化。毫无疑问,这是让人心惊肉跳的突然召唤。夏洛蒂的心一下子沉了下来。她一直很紧张,心里的弦绷得很紧,只是担心可能发生的事会打倒她。他们把她带走了。有一个礼拜她发烧,卧病在床。然而,那个被召唤者和实际的受苦者布兰威尔却以一种不同的精神面貌面对死亡。他执意要起来。如果他屈服于生的恐怖,那么他就会藐视死的恐怖。他想,以前从未有人站着死过,因此他想要像古凯尔特人的英雄那样死去。当最后的痛苦开始发作时,他站了起来。安静而惊讶的老父亲、正在祈祷的安妮和满怀关爱之情的艾米莉站在一旁观看。他站了起来,经过二十分钟的挣扎后直立而死。

他们发现他的口袋里装满了他曾热恋过的那个女人的书信。

他死了。这个布兰威尔曾让家人一天比一天痛苦。他死了。他们现在怀着刻骨铭心的痛苦哀悼他。夏洛蒂写道:"他所有的恶习现在都已化为乌有。我们只记得他的悲痛。"他们将他埋葬在二十年前曾埋葬了夭折的伊丽莎白和玛丽亚的那个墓室里。礼拜天到了,人们一幕幕地回想起他生命的退潮。艾米莉脸色苍白,身穿黑衣,几乎没有听见有关他哥哥葬礼的布道,只盯着那块隐藏了许多回忆和徒然同情的石碑。她哥哥的死让她郁结于心。她越来越瘦,脸色也越来越苍白,总是缄默不语。那个礼拜天,她硬撑着去了教堂。她静静地坐在那里,眼窝凹陷,或许她感到看着他的安息之地会让她心里安宁。她的心多半葬在了那座坟墓里,因为在布兰威尔的葬礼之后,她身心再也没有好起来。当时感冒和咳嗽牢牢地攫住了她。在那个令人难忘的礼拜天之后,她再也没有走出过家门。

然而,看到她那种宁静和无怨的眼神,你就不会猜想太多了。

"艾米莉和安妮相当不错,"夏洛蒂在 10 月 9 日说道,"可是安妮一直体弱,艾米莉目前感冒咳嗽。"

第十八章　艾米莉之死

Chapter ⅩⅧ　Emily's Death

1848 年这个忧郁之年的 10 月 29 日到来之前,艾米莉的咳嗽和感冒越发严重了,这让细心的姐姐开始惊慌起来。布兰威尔没死的时候,就外表来看,她是体弱的家人中最强壮的一个。同虚弱的安妮(他们不知道她的病已经发展成肺结核)相比,同身体垮了的布兰威尔相比,同精神紧张、身体有病的夏洛蒂相比,身高而体健的艾米莉似乎就是一座力量之塔。她从早忙到晚,任劳任怨,很少感到疲倦。她最好的放松就是在荒野上长时间快走。她似乎不可能让他们产生深深的焦虑。然而肺结核的种子已深深植入了她生命和力量的光鲜外表之下。哥哥的死让她承受了痛苦的打击,这使得肺结核的种子以惊人的速度生长开来。

　　她讨厌离家远行,这大大销蚀了她的力量。当远离家时,我们看到她是多么憔悴,多么烦腻。背井离乡让她变得体弱多病,威胁到了她的生命活力。现在她不得不忍受一种不可避免、冷漠无情的离去,一种绝无可能返程的放逐。她的心弦绷得太紧了,她的痛苦太强烈了。她难以忍受这样活着。失去了一个孤苦无助的受难者,这在她看来,是一种莫大的损失。当空闲时刻到来时,她却无心顾及平时要做的事,当讨厌的闲暇就像一件不成形不规则的衣服紧紧裹住这个疲倦的灵魂时,活着的人一天之中痛苦得不知要死去活来多少次。艾米莉将全部心思放在了布兰威尔身上。如今他死了,她活下去的动力似乎也随之而去了。

假如她更强壮一些,假如她从开始有病时能够更关心一下自己,那么毫无疑问她会恢复健康的。如此一来,我们的文学界是否会有另外一番景象?然而,艾米莉习惯于苛刻地对待自己。她习惯于服侍他人。要是让她卧病在床被别人服侍,在她看来,是可耻而荒谬的。她的独立和无私都使她小心翼翼地不给别人添麻烦。此外,她很可能没有意识到自己所患之病的严重性。肺痨很少是一种绝症。它侵袭肉体但却不会束缚精神。正是由于它对精神无害,因而她无法意识到危险。不久就轮到安妮受难了。她在挑选春天的软帽后的第四天便去世了。我们之中谁不记得这样一些悲伤的故事:那些深患肺结核的人,在别人看来,他们脸上呈现出死亡的痕迹,可他们自己却看不到。

突如其来的死亡就在脚下,可是这些人却觉察不到。对那些旁观的人来说,没有什么比看这些人勇敢地忍受病痛更加让人心痛的了。夏洛蒂和安妮在一旁看着,非常焦虑。布兰威尔死的那天,夏洛蒂因患胆汁热而病倒。10 月 29 日,夏洛蒂的身体仍然虚弱,写下了下面这些预感的话:

> 眼下我对妹妹的担忧远胜过对自己的担忧。艾米莉的感冒和咳嗽非常顽固。我担心她胸痛。有时当她动作快了时,我会感觉到她呼吸急促。她看起来又瘦又苍白。她那矜持的天性会让我心神极度不安。询问她毫无用处,你得不到回答。向她推荐一些治疗方法更是毫无用处。她决不会采纳。

事实上,这是一种急性肺炎。这位不幸的受难者却想凭意志的力量减轻它。那些具有坚强意志的人很难意识到他们无法控制自己的病情。在他们看来,得病就是一种默许的行为。他们同意他们虚弱身体的要求。当身体要求牺牲时,对他们来说,这似乎很容易否定他们自己,否定其他,否定嗜好。他们以坚定意志对抗他们的弱点,打算克服它。他们不会放弃。

艾米莉不会放弃。在此艰难时刻,她感到这个家格外需要她。夏洛蒂身体仍然非常虚弱。安妮,她亲爱的小妹妹,身体也非常虚弱。即使她父亲也是如此。她,艾米莉,过去总是被人所依靠并由此获得力量和勇气,而当现在家人仍需要她时,她却发现自己已力不从心了。她乐于将所有的责任扛在自己身上,认为日常家务必须由她来管理。在此受难之时,必须管理职责;在此战役的关键时刻,她必须放下武器;她的虚弱要给她受苦受难的家人增添额外的负担,这样的事是不可能发生在她身上的。

徒劳的挣扎就这样继续着。她不会放弃她的职责。直到她生命最后几周也没让用人比她起得早干早晨的家务活。她不会容忍听别人谈治疗方法。她说自己没病,很快就会好起来,而实际上,她的身体日渐衰弱,她只是在自欺欺人。为了姐妹,她做出了这样的牺牲,由此遭受了可怕的痛苦。夏洛蒂和安妮非常感激,本来可以接过她的全部职责的。她们费力地起床做事,但是看到艾米莉如此虚弱,她们不能越过她去做事。她们只得静静地坐在那里瞧着她用那双颤抖而冰冷的手干活,以使她们过得舒适。

"一天又一天,"夏洛蒂说,"一天又一天我看见她痛苦的样子。我怀着一种充满痛苦和爱的惊愕观察她。我没见过这样的情形,的确,也没见过像她这样的人。比男人还坚强,比孩子还简单,她的天性与众不同。最糟糕的一点是,她对别人充满同情,而对自己却毫不怜悯。这种精神,对肉体来说,是非常残忍的。"艾米莉双手颤抖、四肢无力、目光黯淡,做着和健康时做的一样的活儿。站在旁边目睹这一切,又不敢责备,这真是一种无法言说的痛苦。

时间在继续。夏洛蒂渴望找她们家人之外的朋友来影响这个任性的妹妹。她想邀请努茜小姐来霍沃思。艾米莉过去很欢迎她来。然而,约定的时间到来了,她们却发现日常生活即将发生一点变化都只能加重艾米莉的负担。于是该计划不得不放弃了。

一个月又过去了。艾米莉更加苍白和瘦弱,但仍坚持以惯有的一丝不苟的态度完成她的职责,以蔑视一切的坚毅声称无恙。9月23日,夏洛蒂又写道:

> 我告诉你,在我上回写信给你时,艾米莉就病了。她至今尚未恢复。她病得很重。我相信,你要是来看她,你肯定会觉得她没救了。还有更瘦、更弱、更无生机的地方我还没注意到。她那种不间断的深咳仍在继续,稍一用力之后就喘得厉害。这些症状伴随着胸痛。她的脉搏——她唯一允许被触摸的地方——被发现快到有每分钟115下。病情都这样了,可她还是不肯看医生。她从不说自己感觉如何,即便是略加提及她也不允许。

提及她的病,艾米莉很敏感。她说:"不要让'开毒药的医生'

靠近我。"请医生来是对她的意志和坚定努力的伤害。她不仅现在没有病,以后也不会有病,因此她不需要治病。也许在内心深处,她很明白,自己病死是不可避免的。这句话暗含的意思是,看护和治疗所能带来的也就是拖延而已,因为她曾眼睁睁地看着玛丽亚和伊丽莎白病衰与死亡,后来医生也挽救不了她哥哥的生命。

但是夏洛蒂自然不会这么想。她瞒着艾米莉,写信给伦敦的一位名医,并尽可能认真地起草了一份详细的病情说明。但是这种臆测所做出的诊断太不准确了。不然的话,医生就会明白没什么希望了。医嘱说得太令人费解,根本没有帮助。他寄来了一瓶药,可是艾米莉并没吃。

12 月到了。疑惑和焦虑的姐妹不知该怎么办。到这时,勃朗特先生也意识到了艾米莉病情的严重性,他焦虑万分。可是,艾米莉仍然否认自己患了比暂时的虚弱更严重的疾病。她的胸痛似乎减轻了。有的时候,家人也试图接受艾米莉的说法,相信随着春天的到来,她很快就会康复的。可是后来,当他们听见她咳嗽,听她爬短短的楼梯时的急促喘气声,看到她极其消瘦的身体、那双枯瘦的双手和那双深陷的眼睛,他们的心顿时沉入谷底。每天的生活就是一种希望与担心的交锋。

快到圣诞节了。已是 12 月中旬了,艾米莉在家仍然能够生活自理,能够为别人做衣服,也能够主动分担每天的家务。她总是亲自喂狗。那是一个星期一的夜晚,大概是 12 月 14 日,她像平时那样为大家准备晚饭。她起身,慢慢地走着,枯瘦的双手拿着满满一围裙碎肉和面包。然而当她走到石板铺地的过道时,一股寒气袭击了她。她在那不平的路面上步履蹒跚地走了几步,撞到了墙上。她的姐妹本来难过地跟在她身后,此刻没留意。她们惊慌地跑上前去,求她停下来。艾米莉只是淡淡地微笑了一下,继续往前走,亲手将最后的晚餐喂给了弗洛斯和吉普。

第二天早晨,艾米莉病情恶化。在她醒来之前,看护她的姐妹听到了那种无意识时发出的声音,很轻的呻吟声,这声音说明即使睡着了,那痛苦仍在继续。她们为来年会发生什么而忧心忡忡。她们没想到大限会来得这么快。夏洛蒂去了荒野,去了每一个幽谷沟壑寻找一枝石南花,即使是一枝有些枯萎的石南花,把它带给热爱荒野的妹妹,可是艾米莉只是用一种漠然的目光瞧着放在枕边的石南花。她已远离了生机。

尽管如此,艾米莉还是坚持起来,自己穿衣服,亲自打理任何事情。房间里燃起了炉火。艾米莉坐在炉边梳头发。她现在更瘦了,变成了一个身体松垮、“线条优美”的高个子姑娘。她的头发又密又黑,丝毫看不到死亡将至的迹象。她坐在炉边梳理她那褐色的长发。可是不一会儿梳子从她无力的手中掉落在炉灰里了。她,勇敢而积极的艾米莉,看到梳子慢慢地烧着了,但身子太弱,无法将它取出,与此同时,梳子燃烧的令人作呕的怪味扑面而来。最后,用人走了进来。“玛莎,”她说,“我的梳子掉到那里了。我身子太弱,弯不了腰把它取出来。”

我曾见过那把烧坏了的旧梳子,上面有一大块烧痕。我个人认为,这把梳子比科隆的11000个贞女的尸骨或因年代久远而黯然失色的卢卡圣像更令人伤感。对人性弱点的忧伤和偶然的坦告;令人慨叹的自由灵魂最终维持了其刚毅和反叛精神。肉体是虚弱的。自从我看到这个遗物,艾米莉最后艰难写出来的诗句,在我看来,更加悲壮,更加感人,让人回想起那裹紧的衣装下囚禁的是怎样一个自由灵魂。

肉体是虚弱的，然而艾米莉不会听之任之。她穿好了衣服，极其缓慢地走来，头昏目眩，步履蹒跚，走下楼梯，来到空荡荡的小客厅。安妮正在那里干活，夏洛蒂正在那里写信。艾米莉拿起衣物缝补。她那紧迫的喘息，她那变形了的面容预示了她大限将至，可是她姐妹的心里仍闪现着一丝希望。"她一天比一天衰弱。"夏洛蒂在那个令人难忘的星期二上午写道。可以肯定，夏洛蒂没有看出这点，这已经是她最后一天最后的几个小时。

快到中午了，艾米莉病情恶化。她讲不出话来了，只是气喘，用沙哑的声音低语。她说："要是你们请医生来的话，我现在会见他的。"唉，太迟了。呼吸越来越短促，病痛越来越厉害。即使艾米莉也掩饰不住了。到了两点，姐妹们痛苦地恳求让她们把她抬到床上。"不，不。"她大声说。在那最后的最宁静的安息时刻到来之前，她遭受着久烧不退的痛苦折磨。她试图起身，一只手扶住沙发斜靠在上面。此时，生命之弦崩断了，她死了，时年二十九岁。

几天后，他们把她埋葬在教堂路面下。在那石板的下面还安葬着她们的母亲、玛丽亚、伊丽莎白和布兰威尔。她曾经深深哀悼过她的哥哥，现在又真正地找到了他，并将安眠在他的身旁。

虽然坟墓上听不到嗖嗖的风声，没有芬芳的石南花开放，越橘也没长出翠绿的叶子和紫色的果实，然而此时她不会想念它们。她纳闷，有谁想象得出在那平静的土地下面的长眠者竟会有并不平静的。

他们跟着她来到了她的坟墓——她的老父亲、夏洛蒂还有尚在死亡线上挣扎的安妮。当他们离开家门时，另一个送葬者吉普——艾米莉的那条狗也随他们而去了。吉普走在所有人的前面,带领着他们。或许没有其他动物像它这么熟悉那个死去的女人。当他们把她安放在教堂下面那个黑暗和幽闭的墓室时,当他们穿过阴冷的教堂墓地又进入那个空房子时,吉普径直走到它的女主人过去睡觉的那个空房间的门口,跨过门槛躺卧了下来。在那里它可怜地嚎叫了许多天,并不知道悲鸣再也唤不醒她了。那间小客厅的上面大大地平静下来。"我们为什么不该平静下来呢?"夏洛蒂在 9 月 21 日给她的朋友写道,"看她受罪的那种痛苦结束了,死亡的痛苦场面过去了,葬礼的日子已成为过去。我们感到,她很平静。现在不必再为严重的霜冻和强风颤抖了。艾米莉感觉不到它们了。"

死亡的确尘埃落定了。葬礼的日子已成为过去,可是还有一个责任留给了伤心的哀悼者。这比看到死者改变的面容还要令人心痛,比听到石块和土块落在心爱之人棺木的声音还要令人心碎。他们把艾米莉过去放稿纸的那张棕色的大书桌搬了出来,将从书桌里找到的所有东西加以整理和分类。一只在死前用变硬的手草草写下的东西是多么吸引人!那些稿纸的每一页是多么珍贵,因为直到时间结束,大地沉落,也不会再有这样的文稿了。往昔就在眼前,却又在某一点戛然而止。

她们在那张褐色的旧书桌里没有发现完成一半或刚开始写的小说。艾米莉过去常常坐在荆棘树下,将那张桌子放在自己的膝盖上。但是她们发现了一首诗。这首诗是艾米莉在弥留之际写的,那么真诚,就像临终遗言,是她作品最完美的表达,是最能展示其英雄精神的纪念碑。

下面是她写的最后几行诗句:

怯懦的灵魂绝不属于我，

在这个被暴风雨侵扰的世界没有发抖的人；

我看见天堂的荣誉在闪耀

信仰闪耀着平等，武装我摆脱恐惧。

啊，上帝，就在我的心中，

全能而永在的神！

生命，我的生命已经安息了

而我——不朽的生命——却从您那里获得了力量。

徒劳无用的是那数以千计的信条

它们曾打动人们的心：无可言说的徒劳；

毫无价值就像枯草。

或无边无际的海洋中的毫无意义的泡沫。

您用无穷之力紧紧拥抱的一个生命

正是从这个生命中唤醒了怀疑；

将锚牢牢固定在

不朽的坚硬礁石上。

用那宽广包容的爱

您的精神鼓舞了永恒的岁月，

弥漫和笼罩，

改变，维持，消解，创造和培养……

虽然地球和人类都消失了，
太阳和宇宙不再存在，
然而只有您还在，
您拥有着每一生命。

没有为死亡留下空地，
没有了原子，它的威力没有了效力；
您——您就是存在，就是呼吸，
您就是永远不可摧毁的存在。

结束语

Finis!

"她在希望的时刻死去。"

夏洛蒂在最初的悲痛之中这样写道。"她在希望的时刻死去。"的确，艾米莉已经付出了许多。她的付出足以让她的能力获得纯熟完美的展现。完美的硕果拒绝给予我们。她死了，死于劳作结束和褒奖到来之际，死于她获得不朽名声的征兆传到她那个无名而偏远的家之前。她一生总是与成功无缘。她的学校停办了，她的诗歌没人读，她的小说无人赞赏，她的哥哥死于毁灭。她所有的志向都落空了，最后死于疾病。然而，她还年轻，渴望活着，希望再尝试。

"她在希望的时刻死去。我们看到她英年早逝。"

真的，一场巨大的悲痛，半小时抑郁情感的爆发，绝望的哀痛刚刚过去，新的悲伤又随之而来。布兰威尔死了，她最亲爱的小妹妹安妮正生命垂危，艾米莉死了。要是她还活着，那么她的生命会有什么收益呢？对我们来说，真的是好事，可是对她来说呢？孤独的名声就是一种苦味食品。安妮将在来年5月去世，而夏洛蒂则在六年后去世。艾米莉不可能再有新朋友。也许这样对她更好：她那种真诚的精神能够永世长存，虽然她死了，但她的生命为世人所敬重，仍然能够为这个世界带来希望，这远胜于再拖延几年在孤独和衰弱中死去，在声望和痛苦中放弃一种让人不抱幻想的生活。

"她在希望的时刻死去。我们看到她英年早逝。然而这是上帝的意愿。她去的那个地方要好于她离开的地方。"

永远让她的灵魂在这个世界上讲话，这样更好，因为风会加强她的呼吸声，她心中的石南花会更紫，这要远胜于迷失于容纳一切、改变一切的生命进程中，强于生活在狭隘的个人痛苦之中。所以至少，无论如何，都要记着这个热爱尘世的女人。她并不惧死。想到死亡，她内心获得了一种自信和幸福的平静，而不是困惑。她认为，死亡比名声更荣耀，死亡比爱情更亲切。她把自己的灵魂献给了上帝，而把自己的肉体留给了尘世。我们当中谁会挑剔这个让一个极其痛苦的生命获得满足的信念呢？

"最让我烦恼的毕竟是这个破败的牢狱。我厌倦了被关在这里。我厌倦逃入那个荣耀的世界，厌倦总是去那里。无法透过蒙眬泪眼看见它，透过痛苦的内心墙壁渴望它，然而却真同它在一起，就在它中间。你以为在健康和体力方面你比我更好，更幸运。你为我惋惜，然而用不了多久就会改变。我将为你惋惜。我将无与伦比地超越你。"

啊，是的，无与伦比地超越，这是因为她那强烈的幻象；她曾以此幻象展示那个充满荣耀的世界；在那个世界中，她的记忆是更清新的风，是更明亮的阳光。不仅如此，而且也因为她对真实自我的回忆是一种超凡脱俗的训诫。在此之前，从未有过类似这样有灵感的手，用它做日常苦活和从事珍贵的写作从未失手过。没有哪颗心能像她的那样更值得尊敬、更坚强。的确，很少有男性或女性拥有这样一种难以估价的天赋，他们曾经因软弱、暴力、失败从我们所责难的其他人身上寻找借口。她不需要这样的辩解。因此，作为逝者，她劝我们学会尊重。她的作品还有对她生活的回忆都将提升和赞美她，然而当她在世的时候却并未享有这般赞誉。

参考和引用文献

Bibiliography

1846—1856. The Works of Currer, Ellis, and Acton Bell.

1857. Life of Charlotte Brontë. Mrs. Gaskell. 1st and 2nd Editions.

1877. Charlotte Brontë. T. Wemyss Reid.

1877. Note on Charlotte Brontë. A. C. Swinburne.

1881. Three Great Englishwomen. P. Bayne.

MS. Lecture on Emily Brontë. T. Wemyss Reid.

MS. Notes on Emily and Charlotte Brontë. Miss Ellen Nussey.

MS. Letters of Charlotte and Branwell Brontë.

1879. Reminiscences of the Brontës. Miss E. Nussey.

1870. Unpublished Letters of Charlotte, Emily, and Anne Brontë. Hours at Home.

1846. Emily Brontë's Annotated Copy of her Poems.

1872. Branwell Brontë: in the "Mirror". G. S. Phillips.

1879. Pictures of the Past. F. H. Grundy.

1830. Prospectus of the Clergymen's Daughters' School at Cowan's Bridge.

1850. Preface to Wuthering Heights. Charlotte Brontë.

1850. Biographical Notice of Ellis and Acton Bell.

Charlotte Brontë.

1850. Wuthering Heights: in the "Palladium". Sydney Dobell.

Personal Reminiscences of Mrs. Wood, Mrs. Ratcliffe, Mrs. Brown, and Mr. William Wood, of Haworth.

1811—1818. Poems of Patrick Brontë, B. A., Incumbent of Haworth.

1879. Haworth: Past and Present. J. Horsfall Turner.

附　录

Appendix

埃利斯·贝尔和艾克顿·贝尔[①]

　　人们一直认为,所有在柯勒·贝尔、埃利斯·贝尔和埃克顿·贝尔名下出版的作品实际上都出自一人之手。我曾在《简·爱》第三版的免责声明之前用几句话设法修正这个错误。但是一般读者似乎并不相信我所说的。现在借《呼啸山庄》和《艾格尼丝·格雷》再版之际,听从别人的建议,我要清楚地说明此事的原委。

　　的确,我自己觉得,该是消除罩在埃利斯和艾克顿这两个名字之上的迷雾的时候了。这个小小的秘密过去曾带给我们无伤大雅的乐趣,而如今其兴趣已不复存在,因为情况发生了变化。因此,我有责任简要说明柯勒、埃利斯和艾克顿写这些书的来龙去脉和作者有关的情况。

　　大概五年前,经过长时间的分离后,我和两个妹妹回家团聚了。我们居住在一个偏远之地,那里教育落后。因此,没有什么可以吸引我们走出家庭生活圈,去寻求社会交往。我们全靠自己,彼此相助,全靠书籍和自学,来获得生活的快乐和消遣。从小时候起,我们体会到的最能激励我们、最让我们感到快乐的事就

---

　　① 这是夏洛蒂·勃朗特在 1850 年,即在艾米莉和安妮过世的一年多后,为她两个妹妹的合订本《呼啸山庄》和《阿格尼斯·格雷》重印版撰写的序言。

是文学写作的尝试。以前,我们常把自己写的东西拿出来相互传阅,可是后来这种相互交流和磋商的习惯终止了。从那以后,我们各自摸索前行,彼此互不了解了。

1845年秋的一天,我偶然发现了我妹妹艾米莉写的一卷诗歌手稿。当然,我并不感到意外,因为我知道艾米莉有能力写诗,也写过诗。我翻阅了诗稿,有某种远非惊讶所能形容的东西牢牢吸引了我。我深信,这些诗歌的表达非同寻常,完全不同于一般女性写的诗歌。在我看来,这些诗歌简洁而精练,生动而真诚。听起来,这些诗歌就像一种奇妙的音乐,狂野、忧郁、超凡脱俗。

我妹妹既不是一个善于表露情感的人,也不是一个将思想感情深藏于内心的人。即使是她最亲近的人,也不能擅自闯入她的私人领域。我花了数小时来平息她因我看了她的诗歌而产生的不快,花了数日来说服她,这样的诗歌值得出版。然而,我知道,像她这样的人,内心不可能不蕴含着高尚追求的火花,看到我试图将那火花扇成火焰,肯定会受到鼓舞。

与此同时,我的小妹妹也悄悄地写了一些诗歌。她说,既然艾米莉的诗歌让我感到了愉悦,那么我也许会喜欢她的诗歌。尽管我的评判可能有所偏颇,但我还是认为,她的诗歌自有其亲切、真诚、动人之处。

有朝一日成为一名作家,这是我很早就怀揣的梦想。即使这个梦想距我们遥远,各种事情让我们忙个不停,我们也从未放弃过;如今这一梦想突然获得了力量和坚实存在。它促成了一个决定。我们达成一致意见,如果可能,从我们的诗歌中选出一小部分编成诗集进行出版。由于不愿公开个人身份,我们没用真名,而是以柯勒·贝尔、埃利斯·贝尔和艾克顿·贝尔代替。选用这种模棱两可的名字是出于我们对明确使用男性名字的重重顾虑；此外，我们也不想表明自己是女性，因为毫无疑问当时我们的写作和思维模式并非人们所称的"女性的"模式。我们隐约感到，人们对女作者更容易产生偏见。我们注意到，有时批评家利用性别特征作为武器，实施奖罚。他们有时会说恭维话，然而他们并非真的是在赞扬。

我们这本小诗集的出版可说是举步维艰。正如我们所预料的那样，无论是我们还是我们的作品都不受欢迎。不过，对此，我们从一开始就有了这方面的心理准备。尽管我们缺乏经验，但是通过阅读，我们对其他人的经验已有所了解。让人困惑不解的是，虽然我们联系了一些出版商，但是却难以得到他们的任何回复。我们对此深感苦恼，于是我冒昧写信给爱丁堡的出版商钱伯斯先生求教。他们或许忘记了此事，然而我没有，因为我从他们那里收到了一个简短而务实、礼貌而合理的回复。我们照他们说的去做，最后闯出了一条路。

这本诗集最终出版了，但几乎没人注意。唯一引起人们注意的是埃利斯·贝尔的诗歌。无论是过去还是现在，我都坚信这些诗歌的价值，可是我的这一信念并没有被多少好评所证实。尽管如此，我必须坚守这一信念。

我们并未陶醉于成功。争取成功只是让我们对生存有了一种惊人的热情。我们必须追求成功。我们每一个人都开始写一部叙述性作品：埃利斯·贝尔写出了《呼啸山庄》，艾克顿·贝尔写出了《艾格尼丝·格雷》，柯勒·贝尔也写出了一本小说。在一年半的时间里，这些手稿被接二连三地邮寄给各种各样的出版商。然而，这些书稿的命运通常是要么被忽略，要么被很快退回。

最后,或多或少考虑到两位作者的窘况,出版商接受了《呼啸山庄》和《艾格尼丝·格雷》,然而却没有出版商接受柯勒·贝尔的书,也没有人认可它的价值。因此,某种绝望的寒意袭上我的心头。怀着一种无望的希望,我又试着联系了另一家出版商——老史密斯先生公司。不久,要比我根据过去的经验掐算的时间要快得多,我收到了一封信。我打开信封,原以为看到的又是生硬而无望的一句话:"不打算出版该书稿。"我从信封里拿出两页纸长的信,激动不安地读它。出版商出于商业考虑的确婉拒了出版我的书,但却礼貌而理性地讨论了该书的优缺点,可谓独具慧眼,令人信服。这样不同寻常的拒绝信,比起那种泛泛表达的接受信来说,更让作者欢欣鼓舞。信里又说,出版商会认真考虑三卷本的作品。

那时,我刚完成《简·爱》的写作。当那一卷本的作品还在伦敦艰难地被传来传去的时候,我一直在写《简·爱》。三个星期后,我寄走了《简·爱》的书稿,它被友好地接受了。这是 1847 年 9 月初,随后的 10 月底,这部小说问世了;而我两个妹妹的作品《呼啸山庄》和《艾格尼丝·格雷》已经在出版社搁置数月了,仍处于不同的出版流程之中。

这两部作品最终问世了。然而批评家并没有公正地看待它们。鲜有人认识到《呼啸山庄》所展示出来的那种虽不成熟却极为真实的力量。小说的意义和性质遭人误解,小说作者的身份被人误传。有人说,《呼啸山庄》是《简·爱》的作者更早也是更大胆的一次写作尝试。这种讹传有失公允,且大错特错。一开始我们还加以嘲笑,而现在则对此深感遗憾。我担心,人们会因此对这本书心生偏见。人们会认为该作者试图凭借某种卓有成效的努力来推销一部档次不高、不太成熟的作品,因此当时即便是能获得二等作家的身份也真的是她的奢望了,而对这部作品所获得的真正的荣誉奖赏倒是不那么关心了。如果评论家和读者们真相信这一点,那么他们对作者隐瞒身份也就不足为奇了。

不过,千万不要认为我有意让此事成为人们责难的话题。我哪敢这么做?对我妹妹记忆的尊重阻止了我这么做。对她的任何这样不满的表示都会被视为一种毫无价值、粗暴无礼的无能之举。

就一般的批评规则来说,承认有一种例外,这既是我的责任也是我的快乐。一位作家,若拥有天才的敏锐目光和美好的同情心,便能够看清《呼啸山庄》的本质,也会准确注意到该作品的美,谈及它的不足。那些评论者常常让我们联想到那伙占星家、预言家和算命者聚集在"墙上的字迹"前,认不了那些字,也解释不清楚。当一位真正的预言家最后到来时,我们有理由高兴,因为在这位预言家身上有一种卓越的精神,有与生俱有的光明、智慧和理解力。这位预言家能够准确地读出体现初创心智的文字"上帝要毁灭伯沙撒王国"(尽管这种心智也许还不那么成熟,多少有些粗粝,还不够宽广)。这位预言家能够自信地说:"这就是对墙上字迹的解释。"

不过,即使我提到的这位作家在作者身份问题上也有过失,认为我先前拒绝这个荣誉时态度模棱两可(我将此视为荣誉),这可真是误解我了。我能够让他相信,我在这件事上持轻蔑态度,而在其他事上则会以模棱两可的态度处之。我相信语言能让我们清楚表达自己的意思,却无法在欺骗的疑虑中掩饰它。

艾克顿·贝尔的《怀尔德菲尔府的房客》同样也不受读者的

欢迎。对此我并不感到惊讶。题材的选择完全就是错误。构想有悖于作者的天性。驱使这种选择的动机是纯洁的,可我认为,多少有点病态。先前的生活要求她随时沉思。很久了,天赋的巨大影响被滥用了,才能被滥用了。她天性敏感、矜持、消沉。她所看到的一切深深烙入她心中,对她造成伤害。她郁闷地沉思,直到她相信自己有责任原原本本地再现它(当然,用虚构的人物、事件和情境),作为对其他人的警示。她不喜欢自己的作品,可又对它不放手。当就某一话题进行理论时,她把这样的理论看作对自我放纵的诱惑。她很实在,既不虚饰什么,也不隐藏什么。这个善意的决定导致了人们对她的误解和辱骂。她忍下了,因为她已经习惯于以温柔而持久的耐心忍受一切不愉快了。她是一个非常真诚和实际的基督徒,然而宗教的愁思色彩在她短暂而无罪的生命中投射了忧郁的阴影。

无论是埃利斯还是艾克顿,都会因缺乏勇气而短暂地消沉。精力激励着这个人,而忍耐则支撑着另一个人。她们都准备再试一次。我高兴地认为,在她们身上,希望和力量感很强。然而,一场大的变故将至。苦难以那种所预期的可怕形态到来了。真是不堪回首。就在那个炎热和烦扰的日子里,这两位劳作者再也无法继续她们的工作了。

身体最先垮的是妹妹艾米莉。她患病的详情深深烙在了我的记忆之中,然而要详述它们,无论是在思绪方面还是叙述方面,都非我力所能及。她一生中,从未磨磨蹭蹭地去做摆在面前的事。即便是现在,她也并未磨蹭。她的生命衰落得太快了。她匆匆地离开了我们。可是,虽然她的肉体消失了,可她精神的强度变得超出了我们过去对她的了解。一天又一天,我看到她面对痛苦,只能怀着一种又惊又爱的痛苦从旁观看。我没见过这样的事。的确,我从未见过能与她相提并论的人。她比男人更坚强,比小孩还简单。她的天性可说是独一无二的。糟糕的一点是,她对别人充满同情,而对自己却毫无怜悯。这种精神对肉体来说是无情的。虽然手臂颤抖不停,四肢疲软无力,视力衰退,可她还是像身体好的时候那样去做同样的事。只能袖手旁观却不敢提出劝告,这真的是一种难以言说的痛苦。

残忍的两个月,她在希望和恐惧中痛苦地度过了。这个天使所经受的对死亡的恐惧和痛苦的日子最终结束了。她越来越贴近我们的心,而以前我们竟然视而不见。到了那个不幸的日子,肺痨离开了艾米莉的肉体,只留下了她那没有生命的躯体。她病逝于1848年12月。

我们原以为到此为止了,可我们太自以为是了,我们完全错了。在安妮病倒前,艾米莉并未下葬。两周后,艾米莉才被送往墓地。随后,我们清楚地知道,有必要做好心理准备,小妹妹也将随她姐姐而去。她迈着更加缓慢的脚步走上了与艾米莉相同的路,其坚忍堪比艾米莉的坚毅。我说过,她是个基督徒,正是依靠基督教教义,她坚信自己能够从她最痛苦的旅程中获得支持。我见证了,在她最后的时刻,在她最强烈的悲痛中,基督教教义的效力,想必这证实了它们用那种平静的胜利让她渡过难关。她病逝于1849年5月28日。

关于她们,我还要多说一些什么吗?我不能也不必多说什么了。表面上看,她们是两个并不引人注目的女性。一种完全离群索居的生活使她们养成了不善社交的习惯。在艾米莉的天性中,异乎寻常的活力和异乎寻常的实在似乎交汇在一起。在一种不谙世故的修养、天然的趣味和毫无矫揉造作的外观下面蕴藏着一种神秘的力量和激情,这种力量和激情激发一位英雄的头脑,点燃了一位英雄的血脉。然而,她完全缺少世俗的智慧,她的力量不适应于实际的生活。她无法捍卫自己显而易见的权利,也未能考虑她最正当的优势。解释者应该总是站在她和世界之间做沟通的使者。她意志非常坚定,这通常有悖于她的兴趣。她性情慷慨大度,热情而急切,精神不屈不挠。

相比之下,安妮的性格显得温和而顺从。她缺少艾米莉的那种力量、激情和创造力,但却具有她自己的安静的美德。长期忍受的痛苦、自我否定、沉思默想、聪慧颖悟,以及与生俱来的矜持和沉默,让她始终处于阴影之中,用一种类似于修女的面罩掩盖了她的思想,尤其掩盖了她的感情世界。无论是艾米莉还是安妮,都不是博学之人。她们从未想过从别人的思想源泉那里汲取什么来充实自己的思想。她们的写作总是基于天性的驱使、直觉的支配,基于大量的观察,因为她们经历有限,所以特别用心不断积累自己的观察。我可以用这样的一句话来概括一切:对于陌生人来说,她们无足轻重;对于肤浅的观察者来说,她们略值一提;而对那些与她们关系密切、对她们的生活了如指掌的人来说,她们真的不错,真的很伟大。

我之所以撰写此文,原因是想将覆盖在她们墓碑上的尘土清除掉,以免她们可爱的名字掩埋于尘土之中,这是一种神圣的责任。

柯勒·贝尔(夏洛蒂·勃朗特)
1850 年 9 月 19 日